日中対照表現論 II
―事例研究を中心として―

藤田昌志 著

朋友書店

はじめに

　拙著(2007.10)『日中対照表現論―付：中国語を母語とする日本語学習者の誤用について―』白帝社を出版してから10年の歳月が経つ。この間、日中対照表現論(日中対照語学の一分野)を基礎として、(日中を中心とする)比較文化学の構築のために以下の本を作成し、また公刊してきた。(2009.3)『誤用例の研究―中国語母語日本語学習者の場合―』は私家版で、後に日本語母語中国語学習者の誤用例研究とワンセットにして「総合的」に(2013.7)『日本語と中国語の誤用例研究』朋友書店として出版した。(2009.7)『日中比較文化論』私家版は日中比較文化学の試作品で、整えて(2011.02)『明治・大正の日中文化論』三重大学出版会として出版した。この本では日中比較文学論や岡倉天心、志賀重昂、三宅雪嶺、内藤湖南、周作人等の日本論・中国論について考察した。私の考える比較文化学は対照表現論、対照語学を基礎として客観性を鍛え、双方向から文化を考察、研究することによって、自己の相対化を目論むものである。「分析的」よりは「総合的」に研究を行うことを特徴とする。そうした特徴は(2010.9)『日本の中国観』朋友書店や(2011.07)『日本の東アジア観』朋友書店の中に顕現していると思う。『日本の中国観』『日本の東アジア観』の2冊は私に比較文化論ではなく意識的,自覚的な比較文化学という「学」の構築を促し、それは(2015.10)『日本の中国観Ⅱ―比較文化学的考察―』晃洋書房として結実している。また、日本論・中国論については、明治・大正の日本論・中国論をワンセットにして「総合的」に考察、研究した(2016.10)『明治・大正の日本論・中国論―比較文化学的研究―』勉誠出版として公刊した。

　今回の『日中対照表現論Ⅱ―事例研究を中心として―』は拙著(2007.10)、同(2013.7)を継ぐもので、私の日中対照表現論三部作の掉尾を飾る書である。事例研究が中心であるから、当方が資料として主として用いた文学作品だけでなく、他のジャンルの文章も資料とすれば、同種の事例研究はまだまだ続けることができ、より精緻なものが出来上がっていくことと思う。その中で語学を専門とする研究者はもとより、一般的中国(語)関係者の中国語力も向上していくことであろう。私の予感である。

かつて『歴史の奪還』という本があって、内容は読んでいないが妙にその本の題名が気になっていて今も時折、脳裏をよぎる。『語学の奪還』のようなことが行えるのではないかと今回の拙著と同種の、今後の事例研究の伸展に夢をつなぎたい。それは更に比較文化学の地平へとつながっていく道である。

著　者　識(しる)す

目　次

　　　　　　　　　　　　　　　　　　　　　　　　　　　　　頁
はじめに ……………………………………………………………　i
解題 …………………………………………………………………　13

第1章　日本語表現と中国語表現の相違―誤用例分析・日中対照表現との関連で―総論― ……………………………　23
　1　序 …………………………………………………………　23
　2　日本語表現と中国語表現の相違―誤用例分析・日中対照表現との関連で― ……………………………………………　23
　　2.1　話者中心性 ……………………………………………　23
　　　2.1.①　受身文 …………………………………………　24
　　　2.1.②　使役文 …………………………………………　25
　　　2.1.③　モダリティ表現 ………………………………　27
　　　2.1.④　その他 …………………………………………　27
　　2.2　婉曲表現 ………………………………………………　28
　　2.3　反語表現 ………………………………………………　30
　　2.4　時間表現・空間表現等 ………………………………　31
　3　結語 ………………………………………………………　34

第2章　「ている」（日）と中国語表現―日本語との対照から見た考察― …………………………………………………　37
　1　序 …………………………………………………………　37
　2　「ている」と"（正）在""着""在""了"等―関連の先行研究について― ……………………………………………………　37
　3　「ている」と中国語表現 …………………………………　39
　　3.1　減訳（日→中） ………………………………………　40
　　3.2　意訳（日→中） ………………………………………　43
　　3.3　V-了（日→中） ………………………………………　44

3.4　V-着（日→中） ………………………………………… 45
　　3.5　その他（日→中） ……………………………………… 46
　　3.6　転換（日→中） ………………………………………… 47
　　3.7　V-在（日→中） ………………………………………… 48
　　3.8　正、在、正在V（日→中） …………………………… 50
　　3.9　V-到（日→中） ………………………………………… 51
　　3.10　V,Adj-过（日→中） ………………………………… 52
　　3.11　-呢（日→中） ………………………………………… 52
　4　結語 …………………………………………………………… 53

第3章　受身表現について―日本語との対照から見た考察― ……… 57
　1　先行研究・関連研究について ……………………………… 57
　2　受身（日）が受身（中）になる場合と非受身（中）になる場合 … 59
　2-Ⅰ　受身（日）が受身（中）になる場合（320。用例数を表す。
　　　　以下同じ。） ……………………………………………… 59
　○"被"字句になる場合（279） ………………………………… 59
　　2-Ⅰ.1　非"我被"型（162） ……………………………… 59
　　2-Ⅰ.2　"我被"型（117） ………………………………… 60
　○"被"字句にならない場合 …………………………………… 60
　　2-Ⅰ.3　意味上の受身文（中）になる場合（13） ……… 60
　　2-Ⅰ.4　"挨"になる場合（11） …………………………… 61
　　2-Ⅰ.5　"遭"になる場合（8） …………………………… 61
　　2-Ⅰ.6　"受"になる場合（5） …………………………… 61
　　2-Ⅰ.7　"让"になる場合（4） …………………………… 61
　2-Ⅱ．受身（日）が非受身（中）になる場合（647） ……… 62
　　2-Ⅱ.1　「主客転換」になる場合（177） ………………… 62
　　2-Ⅱ.2　「意訳」になる場合（165） ……………………… 64
　　2-Ⅱ.3　「～される（された）」（日）→「～する（した）［その
　　　　　　中国語を日本語にした場合］」（中）になる場合（117） … 65

2－Ⅱ．4　存在句型（中）"－着"型になる場合（50）……………… 66
2－Ⅱ．5　その他（37）……………………………………………… 67
2－Ⅱ．6　「不訳」になる場合（35）……………………………… 67
2－Ⅱ．7　"把"字句になる場合（26）……………………………… 68
2－Ⅱ．8　"有"表現になる場合（10）……………………………… 68
2－Ⅱ．9　"挙行"になる場合（10）………………………………… 69
2－Ⅱ．10　状態補語になる場合（8）……………………………… 69
2－Ⅱ．11　存在句型（中）非"－着"型になる場合（7）………… 69
2－Ⅱ．12　"进行"になる場合（5）………………………………… 70
3　結語……………………………………………………………………… 70

第4章　とりたて詞と中国語表現 …………………………………… 73

1　序 ………………………………………………………………………… 73
2　先行研究について……………………………………………………… 73
3　とりたて詞（日）使用数量と対応表現（中）ランキング（総計441例）
　………………………………………………………………………… 74
4　 も 使用数量ランキング……………………………………………… 76
5　とりたて詞　使用数量詳細（小説別使用数量詳細）（「も」は4を
　参照。）………………………………………………………………… 77
6　とりたて詞と中国語表現―具体的【用例】を通しての考察― …… 80
　1　も（80）…………………………………………………………… 80
　　1－①　「多さの強調」(26：カッコ内の数字は用例数を表す。以下同じ。)
　　………………………………………………………………………… 80
　　1－②　「予想基準外の多量＋スル」（20）……………………… 80
　　1－③　「全く～しない」（13）…………………………………… 80
　2　なんて（75）……………………………………………………… 81
　　2－①　減訳（40）………………………………………………… 81
　　2－②　"什么"（11）……………………………………………… 81
　　2－③　"根本"（8）………………………………………………… 81

  2-④ "这""那"(6) ························· 81
  2-⑤ その他(5) ························· 81
 3 だけ(66) ····························· 82
  3-① "只(只有、只是)"(42) ············· 82
  3-② 減訳(16) ························· 82
  3-③ その他(12)。"至少"(2) ············ 82
 4 なんか(62) ···························· 82
  4-① 減訳(33) ························· 82
  4-② "什么"(8) ························ 82
  4-② "根本"(8) ························ 82
  4-④ 意訳(5) ·························· 82
  4-⑤ その他(4)。・"甚至"(1) ············ 83
  4-⑥ "竟然"(2) ························ 83
 5 しか～ない(38) ························· 83
  5-① "只(只有、只是、只好、只能)"(24) ····· 83
  5-② 意訳(5) ·························· 83
  5-③ "才"(4) ·························· 83
 6 さえ(25) ······························ 84
  6-① "只要"(8) ························ 84
  6-② "连"(7) ·························· 84
  6-③ "甚至"(5) ························ 84
 7 まで(20) ······························ 84
  7-① "连"(7) ·························· 84
  7-② 減訳(5) ·························· 84
  7-③ "甚至"(2) ························ 84
 7 ばかり(20) ···························· 84
  7-① その他(6)("老"(2))"清一色的"(1)"只"(1)"整"(1)"净"
   (1)) ································ 84
  7-② "总"(4) ·························· 85

　　　　7-② "全（完全）"（4） ………………………………… 85
　　9　など（16） ……………………………………………… 85
　　　　9-①　減訳（11） ………………………………………… 85
　　　　9-②　その他（5）"竟然"（1）"全"（1） ……………… 85
　　10　ぐらい（12） …………………………………………… 85
　　　　10-①　減訳（9） ………………………………………… 85
　　　　10-②　意訳（3） ………………………………………… 86
　　11　こそ（11） ……………………………………………… 86
　　　　11-①　"才"（6） ………………………………………… 86
　　　　11-②　"就""就是"（3） ………………………………… 86
　　12　でも（8） ……………………………………………… 86
　　　　12-①　減訳（7） ………………………………………… 86
　　　　12-②　"什么"（1） ……………………………………… 86
　　13　すら（6） ……………………………………………… 86
　　　　13-①　"连"（4） ………………………………………… 86
　　　　13-②　"甚至"（2） ……………………………………… 86
　7　結語 ………………………………………………………… 87

第5章　村上春樹『ノルウェイの森』と林少华译《挪威的森林》 ………………………………………………………… 89

1　序 ……………………………………………………………… 89
2　先行研究、研究方法等について …………………………… 89
3　総論 …………………………………………………………… 90
　　受身表現——受身（日）→受身（中）について ………… 91
　　使役表現——使役（日）→使役（中）について ………… 92
4　各論 …………………………………………………………… 93
　　4.1　転換（日→中）について ……………………………… 93
　　　　4.1.1　受身表現について ………………………………… 93
　　　　　4.1.1.1　受身（日）→非受身（中）について ……… 94

	1　意訳（39）…………………………………………	94
	2　非受身（中）（=〈する〉（日））……………	95
	3　存在文（中）（20）………………………………	95
	4　主客転換（15）…………………………………	96
	5　状態補語（9）……………………………………	97
	6　非受身（中）=使役（7）………………………	97
	7　"把"字句（4）……………………………………	98
4.1.1.2	非受身（日）→受身（中）について ………………	98
4.1.2	使役表現について …………………………………………	98
4.1.2.1	非使役（日）→使役（中）（121）………………………	99

Ⓐ	自動詞的表現（日）　→　使役表現（中） 〔AがVする〕　"使（让/叫/令）・V" (A: 人・物・気 etc)	‥100
Ⓑ	OをVする（日）　→　使役表現（中） 　→（Vさせる）　"使（让/叫/令）O・V" (物・人にOをVする（日）→"使（让/叫/令）〔物・人〕 →（Vさせる） VO"（中）を含む）	‥100
Ⓒ	（人）がイ形容詞（日）　→　使役表現（中） 　　　ナ形容詞（日）　"使（让/叫/令）A・Adj.etc"	‥101
Ⓓ	AがBにVして（くれ）　→　"A让B・V"（中） 〔命令・依頼〕と言う（日）	‥102
Ⓔ	抽象的表現（日）→具体的・説明的表現（中） 　　　　　　　〔使役表現〕（中） 　　　　　　　　（=（人）をV　させる） 　　　　　　　"叫（人）V～"	‥102

Ⓕ	A（人）が〜になる（日）→ "使A〜"（中） 　　〜くなる	103
Ⓖ	Vする（日）→ "让人・V（中）" 〔説明的〕	104
Ⓗ	人がOをVする（日）（→人にOをVさせる）→ "使人VO（中）"	104
Ⓘ	〔話し手〕が〔受益する〕（日）（→あなたにVさせる） → "让你V（中）"	104

　　　4.1.2.2　使役（日）→非使役（中）（24） ……………… 104
　　4.1.3　反語（中）（43） …………………………………… 105
　　4.1.4　語順（24） ………………………………………… 105
　　4.1.5　動作主中心表現と事物中心表現（13） …………… 106
　4.2　加訳（日→中）について―副詞・接続詞類を中心に―（124） ‥ 107
　4.3　減訳（日→中）について ………………………………… 108
5　その他 ……………………………………………………… 109
　5.1　使役動詞（日）→no marker 動詞（24） ……………… 110
　5.2　使役・受身表現（日）→受身表現（中）／受身以外の表現（中）（10）
　　　 ……………………………………………………………… 110
　　㋐使役・受身表現（日）→受身表現（中）（2） ………… 110
　　㋑使役・受身表現（日）→受身以外の表現（中）（8） … 111
6　結語 ………………………………………………………… 111
補足事項 ……………………………………………………… 114

第6章　加訳（日→中）再論―接続詞（中）・副詞（中）の加訳
　　　　（日→中）について― …………………………………… 117

1　序 …………………………………………………………… 117
2　先行研究と研究方法について ……………………………… 117
3　各冊の副詞、接続詞関係の加訳（日→中）の特徴 ………… 118
　3.1　『悪意』→《悪意》についての副詞、接続詞関係の加訳（日→中）
　　　の特徴 ……………………………………………………… 118

  3.2 『向日葵の咲かない夏』（=『向』）→《向日葵不开的夏天》
    （=《向》）についての副詞、接続詞関係の加訳（日→中）の特徴 ·· 120
  3.3 『ノルウェイの森』（=『ノル（上）（下）』）→《挪威的森林》（=《挪
    威》）についての副詞、接続詞関係の加訳（日→中）の特徴 ··· 122
4 三冊全体の副詞、接続詞関係の加訳（日→中）の特徴 ········ 124
 4.0 ··· 124
 4.1 1位"于是"の加訳（日→中）（62）の特徴 ············ 124
 4.2 2位"一直"の加訳（日→中）（49）の特徴 ············ 126
 4.3 2位"其实"の加訳（日→中）（49）の特徴 ············ 127
 4.4 4位"然后"の加訳（日→中）（39）の特徴 ············ 128
 4.5 5位"竟""竟然"の加訳（日→中）（34）の特徴 ········ 130
 4.6 6位"实在"の加訳（日→中）（29）の特徴 ············ 130
5 結語 ··· 132

第7章　動作主中心表現と事物中心表現―身体部分を含む表現に
   ついて― ·· 135
1 序 ·· 135
2 先行研究、着眼点等と研究方法について ················ 135
3 動作主中心表現と事物中心表現 ··························· 137
 3.0 動作主中心表現と事物中心表現―身体部分を含む表現について―
   ·· 137
 3.1 東野圭吾（2001）『悪意』（=『悪』）→娄美莲訳（2001）《恶意》
   （=《恶》）の場合 ·· 138
 3.2 道尾秀介（平成21）『向日葵の咲かない夏』（=『向』）→王彤彤訳
   （2009）《向日葵不开的夏天》（=《向》）の場合 ··········· 140
 3.3 村上春樹（2004）『ノルウェイの森』（上）（下）（=『ノル』（上）（下））
   →林少华訳（2009）《挪威的森林》（=《挪》）の場合 ········ 144
 3.4 田村裕（2007）『ホームレス中学生』（=『ホ』）→吴季花訳（2009）
   《无家可归的中学生》（=《无家》）の場合 ················ 145

	3.5 3のまとめ ………………………………………… 146
4	その他 ……………………………………………… 147
5	結語 ………………………………………………… 149

初出一覧 ………………………………………………… 151
あとがき ………………………………………………… 152

解　題

　本『日中対照表現論Ⅱ―事例研究を中心として―（以下、『日中対照表現論Ⅱ』と略す。）には7本の論文を収録している。以下、解題として、各論文の内容のまとめと、論文間の関係、全体的特徴等について述べてみたい。個別的内容の詳細は各章の各論文をご覧いただきたい。

　第1章　日本語表現と中国語表現の相違―誤用例分析・日中対照表現との関連で―は全体の総論にあたる部分である。1　話者中心性　2　婉曲表現　3　反語表現　4　時間表現・空間表現等について　として日本語から中国語へという方向で両言語表現の相違を考察した。1話者中心性をめぐって　は①受身文②使役文③モダリティ表現④その他―の項目別に両言語表現について考察した。「結語」では「（筆者注：本章の考察では）誤用例に注目して論を展開した。日本語から中国語を見ると、動作主中心の、直接的表現が多く、反語表現の多用もFTAによるもののようにも思える。逆に中国語から日本語を見ると婉曲的な、話者中心の表現が多く、「あいまい」な言葉と言いたくなる衝動に駆られることもある。しかし、それだけではなく、日本語は繊細さを持つし、中国語も深みを備えた簡潔性を持つ。」と述べた。本『日中対照表現論Ⅱ』は、拙著(2007)『日中対照表現論―付：中国語を母語とする日本語学習者の誤用について―』白帝社（以下、拙著(2007)と略す。）同様、日本語から中国語へという方向を基本としているが、適宜、中国語から日本語へという方向も意識している。（中国語から日本語へという方向については、かつて近現代中国文学作品を渉猟していた時期があるので、今後、中国現代文学の日本語訳、中文日訳へと筆者の研究、実践が向かうことは十分、予想される。）

　4　時間表現・空間表現等　では

　「(12) 十日程すると、丸山から呼出しの電話が掛かって来た。
　　　　　过了十天之后，丸山挂来了传呼电话。

日本語の表現が事物中心の表現であるのに対して、対応する中国語の表現は動作主中心の表現となっている。類例には「～の口からため息がもれる」→"～叹一口气"/「～が聞こえる」→"听到～"/「～から手紙が来る」→"～寄来一封信"などがある。概して、事物中心の表現（日）→動作主中心の表現（中）の方が動作主中心の表現（日）→事物中心の表現（中）よりずっと多いと思われる[36]が実際の資料による調査を行わないと確かなことは言えない[37]。」と述べたが、この「ひっかかり」「疑問」は **第7章　動作主中心表現と事物中心表現—身体部分を含む表現について—** の研究に発展した。以下は**第7章**のまとめである。「身体部分を含む表現の中で90%以上は直訳（日→中）や意訳（日→中）によって表現されるのであるから、Ⅰ.動作主中心表現（日）→事物中心表現（中）、Ⅱ.事物中心表現（日）→動作主中心表現（中）は主要なものではなく、少数の部類の、転換（日→中）に含まれる表現である。受身文にたとえて言えば、「自己称揚の受身文」のような少数の部類のものである。しかし、日本語表現が一般的に「なる」表現が多く、中国語表現が「する」表現が多いと考えられ、「なる」表現（日）→「する」表現（中）が一般的と考えられている中で、身体部分を含む表現についてはⅠ.動作主中心表現（日）→事物中心表現（中）がⅡ.事物中心表現（日）→動作主中心表現（中）より圧倒的に多い（今回調べた結果では、全体74例中、65例がⅠ（87.8%）、9例がⅡ（12.2%）であった。）と言えることがわかった。主要なものとそうでないもの（副次的なもの、少数のもの、例外的なもの等）を考える際の一つの類型例としての意義を本研究が持っていることを最後に付言しておきたい」（「結語」）。

　1−① **受身文** の問題は **第3章　受身表現について—日本語との対照から見た考察—** に発展した。「結語」に次のように述べるのが、**第3章**のまとめである。「全体としては本考察の結果、（三冊の現代日本文学作品〈いずれも流行作家の作品ないしはベストセラーとなった作品〉とその中国語訳を調べた結果としては）日本語受身文が中国語受身文になるパーセンテージは320例/967例=33.1%であること、換言すれば日本語受身文が中国語受身文にならないパーセンテージは647例/967例=66.9%であることが判明した。教育的側面から言えば、今後の日本語教育、中国語教育はこの点に留意して、よりきめ細かい

教育を行う必要がある。具体的には、中国語母語日本語学習者は間接目的語の主語型受身文の回避を行いやすいこと、「〜と言われた」「〜と聞かれた」という日本語表現が産出しにくいことに留意して日本語教育を行う必要があり、日本語母語中国語学習者は"被"字句を多用しがちなことが予想されるので、適宜、「主客転換」の場合の分類とその例などを提示し、中国語教育を行うこと等が必要とされる」。

第1章　1−③　モダリティ表現　では「取り立て詞のうち「選択的例示」の意味を表す「でも」や「最低限」の意味を表す「ぐらい」、予想、基準より多い（あるいは少ない）ことを強調する「も」などは「減訳」（日→中）されることが多いが[14]、「否定的特立」の意味を表す「など」（「なんか」「なんて」「な（ん）ぞ」）は時には話者中心性と強い関係があり、「謙遜」から更に自己卑下の感が強い表現に用いられることがある。その際も、中国語は減訳（日→中）されることが多いようである。（ex.「うちなんか金持ちじゃないもんね。お小遣いなんかもらえないし」→"我家没銭，要不到零用銭的。"）」と述べた。この問題は　第4章　とりたて詞と中国語表現　の考察、執筆へと発展した。以下の「結語」の部分が第4章のまとめである。「減訳（日→中）が上位に来るものに対応するとりたて詞は中国語話者日本語学習者が日本語学習上、学習が困難なとりたて詞である。3.「とりたて詞（日）使用数量と対応表現（中）ランキング（総計441例）」の表から「なんて」（75,17%）「なんか」（62,14%）「など」（17,3.9%）「ぐらい」（12,2.7%）「でも」（8,1.8%）等がそれであることが理解できる。4.とりたて詞「も」については①多さの強調（26）②予想基準外の多量＋スル（20）③全く〜シナイ（13）④誰も／何も〜シナイ（11）で全体80個のうちの70個（87.5%）を占める。②予想基準外の多量＋スル（20）「X［数量一般］モ＋P［肯定］ex.150万もあずける」ア減訳（＝減訳（日→中））（13）ex.「八年<u>も</u>たつと風景も違っているものですか？」（『ノル』下 p.261）"相隔八年連风光也变样了?"（《挪》p.356）　は中国語話者日本語学習者が学習上、困難を伴うことが予想される。5（筆者注:=5.とりたて詞　使用数量詳細（小説別使用数量詳細））については「など」（17）が『悪意』のみで使用されていることが注意を引く。とりたて詞に対応する中国語表現では「なんて」→"根

本"、「だけ」→"至少"、「なんか」「さえ」「まで」「すら」→"甚至"などの副詞が使用されるのが注意を引く。「なんて」「なんか」「など」→"竟（然）"などの対応もみられ、加訳（日→中）（注：日本語が非明示で、中国語が明示表現となること。）との関係もあり、日本語話者中国語学習者の中国語学習上の困難な個所を想起させ、注意を引く。」

第５章 村上春樹『ノルウェイの森』と林少华译《挪威的森林》 では「結語」で「村上春樹著『ノルウェイの森』とその中国語訳作品林少华译《挪威的森林》について拙著（2007）の分析手法、分類に従って考察してきた。日本文学作品とその中国語訳を日中対照表現論の視点から体系的、全体的に考察した研究は過去に類例がないと思われる。今後、一つの日本文学作品とその中国語訳を日中対照語学的に分析する研究者が陸続と出られんことを心より切望する次第である。全体的考察によって、とりわけ印象的であるのは、日本語表現の方が中国語表現に比べて、受身表現が多く、使役表現が少ないことである。また、5.1 使役動詞（日）→ no marker 動詞（中）のようなものは今後、精緻な研究が必要であろう。そうしなければ、中国語教育で日本語と中国語を対等に扱う「中国語作文」は行われえないであろう。

林少华氏の"于是"の多用については、他の日本文学とその中国語訳を調べてみないと、厳密には多用かどうか断定できないが、興味深い現象である。翻訳作品を資料として言語的分析を行うことには客観性の点から疑問を呈する人もいるであろうが、筆者はパロールを重視する立場に立ち、パロールあってのラングであり、その逆ではないと思う。「理論」と「実際」「事実」についても、「理論」よりは「実際」「事実」の立場≒具体的事実、頻度数等を重視した研究も重要である。こうしたことは普遍性に対する個別性、理論と現実といった似たような問題を想起させる。「理論」と「実際」「事実」両方からの考察がすべての面で必要とされると考える次第である。」と述べたが、「日本文学作品とその中国語訳を日中対照表現論の視点から体系的、全体的に考察した研究」が今後、陸続と出現することを筆者は希望する。文学作品を語学的に研究するという試みである文体論や計量的分析が必ずしも所期の成果を上げえなかったように考えられる中で、この第５章は文学作品の語学的研究に新しい地平を開くも

のではないかと思う。

　第6章　加訳 (日→中) 再論―接続詞 (中)・副詞 (中) の加訳 (日→中) について―は「結語」で「「加訳（日→中）再論」として副題のように接続詞（中）・副詞（日）の加訳（日→中）について考察してきた。（筆者注：第5章）「村上春樹『ノルウェイの森』と林少華译《挪威的森林》」で"于是"の加訳（日→中）が多いことに触発されて、本章の考察、作成を行った。日本現代文学の3作品について考察を行った結果、"于是"の多用や時間的連続の意味の"一直"の加訳（日→中）の多さ、"其实"と"实在"の棲み分けについての仮説など、実り多い結果が得られた。後続の日中対照表現論の研究者が更に他のジャンルや他の小説について事例研究を行い日中対照表現論の研究を推動されることを願って擱筆したいと思います。筆者は素朴な疑問を研究にまで高めることの重要性を具体的に提示しえたものと考えています。」と述べたように、第6章は**第5章　村上春樹『ノルウェイの森』と林少華译《挪威的森林》**の"于是"の加訳（日→中）の多用に触発されて、考察し執筆したものである。

　残った**第2章　「ている」（日）と中国語表現―日本語との対照から見た考察―**については、「結語」で「「ている」が中国語のどのような表現と形態的に対応するかを日本の小説、森村誠一と村上春樹の小説の日文中訳、『日文中訳講座』（時事中国語作文）によって調べて、その考察を行ってきた。**減訳 (日→中)、意訳 (日→中) が全体の60％を超えるのは新しい発見であった**。その理由については今後、モダリティーとの関係も視野に入れて考察していく必要がある。」と述べているように、「ている」（日）と中国語表現の形態的対応（・不対応）、形式的対応（・不対応）の考察である。「モダリティーとの関係」への「ひっかかり」は**第4章　とりたて詞と中国語表現**　執筆の動機、遠因ともなっている。モダリティーという概念も従来よりもっと広く考える必要があるように思う。

　筆者の日中対照表現論の研究は「素朴な疑問を研究にまで高めることの重要性を具体的に提示」したものであり、語学プロパーの研究者の「土俵」「ルール」とは必ずしも一致しないことは筆者も承知しているが、本来、研究とは自由なものであり、研究のための研究はいずれ衰微していく。現在の日本語教育、中

国語教育が学習者の母語を明確、明晰に意識した中で"潜意黙化"的に行われるのとは程遠い状況にあることを考えるとき、筆者の日中対照表現論関係の三部作は存在意義があるものと考えられる。筆者はまた、日中対照表現論を（日中）比較文化学の基礎に据える考えであり、「分析的」よりは「総合的」な研究の構築を考えていることを理解していただきたい。比較文化学については筆者執筆の他書をご覧いただければ幸いである。

　本『日中対照表現論Ⅱ』は総論の第１章を除くと、第２章から第７章まで主として、現代日本文学作品（いずれも流行作家の作品ないしはベストセラーとなった作品）とその中国語訳を調べた結果に基づく分析、考察である。こうした形の研究手法は拙著（2007）に収めた（平成３年＝1991年）「加訳（日→中）について」以来のことであるから、早、25年の歳月が経過する。事例研究に親和性のある研究手法であると思うが、研究手法の主流でないことは自覚している。「加訳（日→中）について」を書いてから、次々と「減訳（日→中）について」「転換（日→中）について」などを書いてきた。言語の体系性がこれらの論文を私に書かせたような気がする。的確に糸口を見つけて、その関係の論文を一つ書くと、関連する、次に書くべき論文のテーマが次々と現れてくる。そうした手法で筆者は（2007）『日中対照表現論—付：中国語を母語とする日本語学習者の誤用について—』白帝社、（2013）『日本語と中国語の誤用例研究』朋友書店、そして、この『日中対照表現論Ⅱ』所収の各論文を書いてきた。

　最後に、事例研究について述べておきたい。事例研究は英語ではケーススタディー（case study）である。「ケーススタディー（case study）は、日本語の事例研究の英語。社会科学では、すべての事象を網羅することができない場合に一つまたは複数の事例を取り上げて、推論が当てはまっているか、傾向が確認できるかを確かめる。人文科学でも、すべての事象を網羅することができない場合に、一つまたは複数の事例を取り上げる。ある仮説が成り立たないことを示すには、反例一つでよいが、仮説が成り立つことを示す場合に、どれだけの事例を示せばよいかは対象領域の制約条件による」（2016.11.9　ウィキペディア　閲覧）。また、「教育[編集]　事例研究を重視した教育方法を指すこともある。アメリカ合衆国のロー・スクールでケースブックメソッドとして開発さ

れた。近年ビジネス・スクールで応用されている。ケーススタディーには「質的アプローチ」（qualitative approach）と、統計やオペレーションリサーチなどの数量把握を重んじて判断する「量的アプローチ」（quantitative approach）とがある。米国のハーバード・ビジネス・スクールでこの方法重視の教育を行っている。日本でも、慶應義塾大学の慶應ビジネス・スクールなどで使われている」（同）。

　筆者の言う事例研究とは拙著（2007）、同（2013）、そしてこの『日中対照表現論Ⅱ』で、日本文学とその中国語訳や中国語作文（「絵を見て作文講座」）を資料として、つまりそれらを事例（**典型事例**や**頻度数**を調べる場合**の事例**）として、日本語表現とそれに対応する中国語表現の、主として「形」の面の、ある種の傾向や特徴を分析、考察したものである。**第5章　村上春樹『ノルウェイの森』と林少华译《挪威的森林》**の「結語」で「林少华氏の"于是"の多用については、他の日本文学とその中国語訳を調べてみないと、厳密には多用かどうか断定できないが、興味深い現象である。翻訳作品を資料として言語的分析を行うことには客観性の点から疑問を呈する人もいるであろうが、筆者はパロールを重視する立場に立ち、パロールあってのラングであり、その逆ではないと思う。「理論」と「実際」「事実」についても、<u>「理論」よりは「実際」「事実」の立場≒具体的事実、頻度数等を重視した研究</u>も重要である。こうしたことは普遍性に対する個別性、理論と現実といった似たような問題を想起させる。「理論」と「実際」「事実」両方からの考察がすべての面で必要とされると考える次第である。」（下線は筆者による。）と述べた（既述）が、下線部分についての研究が筆者の事例研究（典型事例の提示を補足的に加えたい。）である。それに対して、文法研究などは「理論」を中心とした研究である。筆者の事例研究は調査が中心であるから、調査の主眼が的を射ていれば、誰にでもできる。「はじめに」で「今回の『日中対照表現論Ⅱ』は拙著（2007）、同（2013）を継ぐもので、私の日中対照表現論三部作の掉尾を飾る書である。事例研究が中心であるから、当方が資料として主として用いた文学作品だけでなく、他のジャンルの文章も資料とすれば、同種の事例研究はまだまだ続けることができ、より精緻なものが出来上がっていくことと思う。その中で語学を専門とする研究

者はもとより、一般的中国（語）関係者の中国語力も向上していくことであろう。私の予感である。／かつて『歴史の奪還』という本があって、内容は読んでいないが妙にその本の題名が気になっていて今も時折、脳裏をよぎる。『語学の奪還』のようなことが行えるのではないかと今回の拙著と同種の今後の事例研究の伸展に夢をつなぎたい。それは更に比較文化学の伸展の地平へとつながっている道である。」と述べたのは、その謂を敷衍したものである。

　ルース・ベネディクトの『菊と刀』は比較文化論の不朽の名著であるが、和辻哲郎はホーリスティックな「日本人」の研究には意味がないとして批判した。しかし、青木保（1999）『「日本文化論」の変容　戦後日本の文化とアイデンティティー』中央公論新社　中公文庫　で、青木保氏は「和辻の批判には「個別」事象を積み重ねてゆけば「真理」に到達するという「実証主義」的で「計量的」な科学観の影響がみられるが、提出された「資料」の分析に基づいた上で「想像力」を発揮するところに生まれるホーリスティックな「全体像」も得難い学問的所産であることを認めないでは、「解釈と想像力」による「質的」な研究は生まれようがない。」（pp. 44-45）と述べている。「計量的」、「質的」両方の研究が必要なように、「理論」「理」を中心とする研究も「事実」「事例」（**典型例や事例、表現の頻度数**）を中心とする研究と相補的関係にあるのが望ましいのではないか。客観性とは何かという古くて新しい問題。ホーリスティックなものへの批判は客観性の欠如、もしくは客観性が疑わしいことへの批判であろう。その意味で、日本文学の中国語訳を資料とすることへの批判も同種の、客観性が疑わしいことへの批判であろう。しかし、一概にそうとも言えないであろう。本書や更に広く、私の日中対照表現論三部作を読んで確かめていただきたい。「分析」だけではなく「総合」も必要である。「体系性」も重視する必要がある。あとは読者の方々の判断にゆだねたいと思います。

　私は「文法論」ではなく、事例研究としての（日中）「対照表現論」を考究してきたのです。そして今、体系性が学問であると実感しています。「分析」だけではなく「総合」の視点を持つとき、言語、そして研究対象は我々にそれら自らの体系性の一部、片鱗を開示してくれます。その一部、片鱗を手掛かりにして手探りの中で考究を続けると、やがて言語や研究対象の体系性が姿を現し

てきます。そのとき「学問」をする喜びを感じます。「学問」とは本来、自由で根源的で、そして現状打破的なものではないでしょうか。

第1章

日本語表現と中国語表現の相違
－誤用例分析・日中対照表現との関連で－総論－

キーワード:話者中心性　婉曲表現　反語表現　時間表現・空間表現

1　序

　日本語表現と中国語表現を対照したとき、さまざまな違いがある。また誤用例分析について言えば、日本語母語中国語学習者の誤用例が問題となる場合は、"了"の多用[1]や、よけいな"的"の使用[2]などが問題になる。逆に言えば、中国語では、(粗く言って)それほど"了"や"的"を使わないということになる。また、中国語母語日本語学習者の誤用例が問題となる場合は、助詞の脱落[3]や動作主中心表現の多用[4]などが問題となる。いずれの場合も誤用か「不適切」かといった問題も関係してくる。

　本章では日本語表現とそれに対応する中国語表現の関係から両表現の特徴を考察してみたい。そして、日本語教育・中国語教育上、日本語教師、中国語教師が知っておくべき両言語表現上の相違について通観してみたい。その際、中国語母語日本語学習者の誤用例分析を重視したい。筆者の研究によると、誤用例は直訳や「混乱」[5]などさまざまな理由によって起こるが、それは両言語表現の違いを探る上で有効な手がかりであると言える。以下、1　話者中心性　2　婉曲表現　3　反語表現　4　時間表現・空間表現等について両言語表現の相違を考察していきたいと思う。以下、各論に移る。

2　日本語表現と中国語表現の相違－誤用例分析・日中対照表現との関連で－

2.1　話者中心性

　ここに言う話者中心性とは表現の際に話し手(多くは第一人称)を中心とす

る傾向のことである。以下、話者中心性をめぐって①受身文②使役文③モダリティ表現④その他―項目別に両言語表現について考察してみたい。

2.1.① 受身文

次のような誤用例がある。中国語母語日本語学習者によるものである。

(1) ＊おかしは私に食べられた。（＊は誤用例又は「不適切」な例を表す。以下同じ。）

"点心让我给吃了。"

日本語では動作主が第一人称（単数、複数）で目的語が無生物のときそれを受身文にするのはなじまないようである。次例も小説などの直訳の翻訳調の場合を除いて、第一人称を主語とした能動文にしなければ「誤用」（または「適切さ」を欠いた）例となってしまう。＊「その提案は私たちによってきっぱり断られた。」→「私たちはその提案をきっぱり断った」（正）／＊「彼のペテンは私によって見破られた。」→「私は彼のペテンを見破った。」（正）。直訳の翻訳調の書き言葉としては許容されても、話し言葉としては誤用、または「適切さ」を欠く例である[6]。

また、中国語の被動文について言えば、動作主が無生物の場合にも、対応する日本語は（翻訳調を除いて）話者中心の能動文となることが多いが、能動文になることを理解していなかったり動詞の選択を誤ったりすると以下のような誤用が生じることになる。

＊「陳さんも私もこの人の親切に感動<u>されました</u>。（"小王和我都被他的亲热劲儿所感动。"）」→「陳さんも私もこの人の親切に感動しました。」（正）＊「私は雷の音で目が<u>さましだ</u>。」（"我被一阵雷声惊醒。"）→「私は雷の音で目がさめた。」（正）[7]。

中国語の被動文は不如意な場合だけではなく、「難事が話者本人或いは話者の感情が移入された存在によって達成されたという場合」にも用いられ、それ

は「自己称揚の被動文」[8]と呼ばれるが、この場合、動作主は第一人称であり、日本語では（翻訳調を除いて）能動文が対応することにも注意しておきたい。次例がそうである。"这个字终于被我写像样了。"（＊「この字はついに私によってまともに書かれた。」→「私はついにこの字をまともに書くようになった。」（正））"桃子被我摘下来了。"（＊「桃は僕によってついに摘まれた。」→「僕は桃をついに摘んだ。」（正））

以上のような場合には、中国語では被動文であるが、日本語では話者中心の能動文になることが多い。このことから中国語の被動文の範囲が日本語の受身文の範囲に比べて広いと短絡的に言うことはできないが、中国語表現に比べての日本語表現の話者中心性の強さの証左にはなるであろう。また、中国語では動作主中心表現であるのに日本語では「私は〜さんにこう言われました。」「私は先生に授業に遅れないようにと言われました。」と話者中心表現を行うのも普通のことである。

こうした違いはより明確に言うと「中国語には日本語における一人称代名詞＞人間名詞＞無生物名詞といった名詞ランキングが基本的に存在しないこと」[9]に起因すると言えるようである。逆に言えば、日本語表現の話者中心性の強さが受身文の際の両表現の違いを生んでいると言える。また、中国語には間接目的語を主語型受動文にするパターンがないことから、それを「回避」し誤用例又は不適切な例が生じる（例：＊「私、男がプロポーズしてきた経験、今まで一度もないわ。」→「私、男からプロポーズされた経験、今まで一度もないわ。」（正））[10]が、そのことも逆に言えば日本語表現の話者中心性に起因すると言える。

2.1.② 使役文

使役文の場合、日本語が非使役文であるのに中国語が使役文であるのはよく見うける。前者の基本型は「YがX（に）でV」（Yは有情者、Xは非情物であることが多い。Vは動詞）で後者の基本型は"X使（叫・让）Y・V"である。次のような例がある[11]。

(2)「江田さん。」
　おとなしく呼びかけた声に<u>ぎょっとした</u>。
「江田先生。」
　"静穆的嗓音，<u>使江田嚇了一跳</u>。"

(3) わたくしにとって、母校を訪ねたことは、<u>たいへんいいこと</u>でございました。
　"这回拜访母校，<u>使我大受裨益</u>。"

　(2) の「江田さん」は「話者の感情が移入された存在」と考えれば話者と同等扱いをしてもいいであろう。日本語の場合は、話者中心、有情者中心の非使役表現であるが、中国語の場合は、原因となる事物、事実中心の使役表現となることが多い。

　逆に日本語が使役文であるのに中国語が非使役文の場合を考えてみると、その数は日本語が非使役文で中国語が使役文の場合に比べてずっと少ないが、一つの典型は中国語が兼語文になる場合のようである。(たとえば「なぜ命令を変更させようとするのか？」→ "为什么要我改变命令？")。この場合は第一人称としての話者中心性はとくに関与してこない。

　使役・受身表現（日）「～させられる」は話者中心性の強い表現として使われるが、中国語では原因となる事物、事実中心の使役表現が対応する。次はその例である[12]。

(4) そして、私は、本部長が私に関して実に詳しい身上調査をしていることに<u>びっくりさせられた</u>。
　"他对我的身世了如指掌，<u>使我大为吃惊</u>。"

「～させてもらう」という謙譲表現も話者中心性の強い表現であるが、中国語では事実中心の表現となる。たとえば、「<u>買わせていただきましょう</u>。」→ "那我就买吧。"[13] という例がそうである。

2.1.③ モダリティ表現

　取り立て詞のうち「選択的例示」の意味を表す「でも」や「最低限」の意味を表す「ぐらい」、予想、基準より多い（あるいは少ない）ことを強調する「も」などは「減訳」（日→中）されることが多いが[14]、「否定的特立」の意味を表す「など」（「なんか」「なんて」「な（ん）ぞ」）は時には話者中心性と強い関係があり、「謙遜」から更に自己卑下の感が強い表現に用いられることがある。その際も、中国語は減訳（日→中）されることが多いようである。(例:「うちなんか金持ちじゃないもんね。お小遣いなんかもらえないし」→"我家没銭，要不到零用銭的。")
　「〜てもらう」表現は話者中心性の強い表現であるが、中国語では動作主中心の表現に転換されることが多い[15]。

(5)「冗談じゃない。香取さんにこっちがいろいろ教えてもらったのに、おごられるわけにはいきませんよ。」
　　"別開笑啦，香取兄教給我那么多事情，怎能让你破费！"
(6)「何とかおっしゃって下さいませよ。助けて頂かないと……」
　　"你说些什么呀，你不帮我忙，我就……"

　「〜てもらう」表現は話者中心性の強い表現であることから「他人から自分に対する働きかけ」の時は用いられず、その点、中国語の"请"と異なる。中国語の"请"は"学生请我作报告。"とすることができるのに対して、それに対応する日本語は＊「学生が私に報告してもらった。」ではなく「（私は）学生に報告するようにたのまれた。」である[16]。

2.1.④　その他

(7)＊晩はその日に先生が教えた日本語を復習します。
　　"我晚上复习老师当天教过的日语。"

「晩はその日に先生に教えてもらった日本語を復習します。」としないと「適

切さ」を欠く。「教えてもらう」を「教わる」とした方が更によい。「教える」「やる」「あげる」「貸す」「あずける」のような「与エル」動詞と「教わる」「もらう」「借りる」「あずかる」のような「受ケル」動詞といった方向性のある動詞のグループを考えたとき、二者択一の場合、日本語の方は第一人称の話者中心の「受ケル」動詞を多用し、中国語の方は「与エル」動詞を多用する。

2.2 婉曲表現

　日本語は婉曲表現（または間接表現）の多い言葉であると言われる。それに比べて中国語は直接的表現が多いように思われる。ここではこうした印象を裏づける事実を提示し考察したいと思う。便宜上、語レベル、句レベル、文・文以上レベルに分けて考察する。

　まず語レベルであるが、大河内康憲氏の言うように[17]、日本語の中での和語と漢語の「棲み分け」、漢語の抽象的、比喩的意味への偏向が挙げられる。また「漢語でなければ表現できない思惟の領域」の存在があり、「そのような領域を明治以来の漢語の使用」が作ってきた[18]ことは抽象、婉曲表現の尊重に関係があると思われる。

　次に句レベルの婉曲表現についてであるが、「目」「口」（「首」「顔」「耳」）などの肉体部分を使った慣用句（日）の間接的表現は中国語に訳すと直接的表現になることが多い[19]。たとえば「通路へ出ようとして、さかえは向うの窓の下に、低い貨物置場が<u>目についた</u>。」→ "正想走到甬道上，荣子<u>看到</u>对面的车窗底下那片货物存放处。"／「ええ、我々夫婦はそういうことを、ほとんど<u>口にしない</u>ものですから……じゃ亡くなられたご主人とは……話しをなさったのですか。」→ "是的，　我们夫妇几乎<u>不谈</u>这种事……那您跟逝世的丈夫……说这种事吗？"などでは中国語はすべて"看到""不谈"といった直接的表現となっている。現代中国文学の作品を日本語に訳したものを見ると、こうした「目につく」「口にしない」といった日本語表現を用いず、直訳した「〜を見た」「話さない」という表現をそのまま用いていることが多いので、平板で幼稚な翻訳文になっているのをよく見受ける。逆に"成語"などは説明的な日本語に訳していることから回りくどい感じがすることがある。婉曲性、間接性というのは

余剰の産物であろうが、肉体部分の慣用句（日）や"成語"（中）はそうした余剰の産物の表れであろう。もちろん中国語にも慣用句は多く存在し、それに比喩的に相当する表現がないときは日本語は直接的、説明的表現になる。

　この他、句レベルについては動作についての間接的表現（日）が中国語では直接的表現になる場合がある[20]。たとえば次のような例がある。「屠蘇をかたむけて～」→"喝着春酒～"／「畳に両手をつくと、～」→"深深地低下头"／「机に向かった」→"～,就伏案写起来。"／「床を離れる」→"起床"／「ペンを執る」→"写这封信"／「ペンを置く」→"写到这里"。こうした間接的表現（日）は日本語を母語としない日本語学習者には理解が難しい部類の表現であろう。

　文・二文以上レベルの婉曲表現については、日本語では指示語類を使用した抽象的表現が中国語では具体的・直接的表現で表される[21]ということがある。たとえば次例である。

(8) 二十代に一度結婚したが、二・三年で<u>それに破れる</u>と、あとは今日まで独身で通している。
　　"二十多岁时，他结过婚，婚后两三年就<u>离婚了</u>，至今扔过着独身生活。"

　指示代名詞「それ」を使用した抽象的表現「それに破れる」は中国語では具体的、直接的な表現"离婚"になっている。この他、指示語類を使用した抽象的表現（日）が具体的、説明的表現（中）と対応する例としては次のようなものがある。「<u>その</u>後、お元気でございましょうか。」→"<u>别后</u>身体好吗？"／「<u>そ</u><u>れ</u>もそうだと淳一は思いながら、～」→"惇一虽然觉得<u>初美的话不是没有道理</u>，～"／「<u>その</u>気になっていないんです。」→"她自己压根儿没有<u>结婚的</u>意思。"指示語類を使用しない場合には次のような例がある。／「きれいにできましたよ。」→"<u>新娘</u>打扮得漂亮极了！"／「私はよろしいんです。」→"我一个人不去没关系。"／「被害がなくてなによりだった。」→"没有遭到损失还算走运！"逆に、具体的表現（日）が抽象的表現（中）になる場合も次のようにあるに

はあるが、基本的には抽象的表現（日）が具体的表現（中）になるのが主流のようである。／「およそおいしくない。」→"餐点实在叫人不敢恭维。"

2.3 反語表現

　反語表現（日）とは表現効果を高めるために用いる表現方法で「疑問文の形を用い、形が肯定であるのに否定の意味を表し、形が否定でありながら肯定の意味を表す」[22]表現のことである。

　中国語にも"反问句"（＝反語文）は存在し、あらくはほぼ同じものであると言えるが、使用範囲や表現数は日本語より中国語の方が広く、多い[23]。たとえば次のような"什么""怎么""谁""何必"を使った例がある。いずれも対応する日本語は反語表現ではない。まず"什么"の例。「人間の苦しみなんて大したものじゃない。」→"人类的痛苦算得了什么？"／「仕方がない。」→"有什么办法？"／「私が何も文句を並べることないわね。」→"我这旁人还有什么好说的。"次に"怎么""谁""何必"等の例。／「だめ、ごまかしても。」→"怎么可以这样捉弄人！"／「早くうちへ来ればいいのに」→"怎么不早一点找上门来？"／「うるさい！」→"谁要你多嘴！"／「そうむきになるなよ。」→"何必那么认真呢。"この他、"作什么""何不""干什么""何况""何苦""何至于"などを使用して中国語では反語表現が表されるが、いずれの場合にも対応する日本語が反語表現でないことは多い[24]。

　こうした日本語表現に比べて中国語表現が反語表現を多用することについては直接、関係するわけではないが、次のような示唆的な意見がある。Brown & Levinson の Negative face（＝自分の領域を守りたい・邪魔されたくない・行動を自由に選択したいというような面）と Positive face（＝相手によく思われたい・認められたい・尊敬されたいというような面）という概念を援用し、日本語の「〜ではないか」という反語文とそれに対応する中国語の"不是……吗？"という反語文にも大きな相違があることを指摘して曹泰和（2000）は次のように言う。

　　日本語の場合は、「〜ではないか」を用いることにより、相手のfaceを

守ることになるが、中国語の場合は、"不是……吗？"を用いることにより、自分の観点を相手に強く押し付けていることが感じられ、相手のfaceを脅かすこととなる[25]。

形は同じであっても意味は異なる。相手のfaceを脅かす行為（＝FTA＝Face-threatening act）となる中国語の反語文"不是……吗？"の持つ傾向は他の中国語の反語文の場合にも存在するのではないか。それが日本語に比べての中国語の反語文の多さに通がっていると言えるのではないだろうか。言語表現の濃淡の問題である。

2.4　時間表現・空間表現等

時間表現については、次のような中国語母語日本語学習者による誤用例がある[26]。

(9)　＊日本に来る<u>前</u>に海で泳いだことがなかったです。
　　　"来日之前，我还没在海里游过泳。"

中国語"前"を安易に日本語に使用したことによる誤用例である（「日本に来る<u>まで</u>海で泳いだことがなかったです。」（正））が、次のような文例があることに注目したい。

「九時に人が来る。<u>それまで</u>の時間なら。」→"九点钟有人来，<u>在这以前</u>没关系。"日本語が「継続」の意を表す「〜まで」であるのに対して、意訳は"所说某时之前的时期"（＝「言っているある時より前の時期」）の意を表す"〜以前"（yǐqián）となっている。"以前"と対立する"以后"を使った次の例を見るとそのこと（＝ある時点より前か後かで分ける中国語表現の特徴）が更に明瞭になるであろう。「まもなく奥さんがくるから、それ<u>まで</u>いてくれないか」→"太太很快就会回来的。她回来<u>以后</u>你再走。"日本語が「継続」の意を表す「(それ)まで」(いる)なのに対して、意訳された中国語は再度、日本語にすると「彼女（＝奥さん）が帰って来<u>てから</u>（あなたは）帰ってくれ」となっている。こ

うした日本語の時間表現と逆の意訳表現を「「逆から」の意訳」と名づけておくことにする。そして「「逆から」の意訳」を成り立たせているのは日本語の「～まで」(継続)と中国語の"～以前""～以后"の表現のズレなのである[27]。

　中国語を母語とする日本語学習者による次のような時間表現についての「直訳によって生じた誤用」もある。

　　(10)　二日目、私たちは海に行って、およぎました。<u>これ</u>(((変)このとき)<u>私が</u>(((変)は)はじめて海でおよぎました。
　　　　"第二天，我们去了海边游泳。这是我第一次在海边游泳。"((A(変)B)はAをBに変える意。)

　中国語では可能な表現でも、それを日本語に直訳したからといって日本語として正しい文になるとは限らない。この誤用例では文が「ねじれ」てしまっている。「このとき私ははじめて海でおよぎました。」としなければならない。もしくは「これが私が海で泳いだ最初です。」とでもする必要がある[28]。時間表現「はじめて」と"第一次"の語レベルの対応関係だけでなく文全体の統語上の問題にも思いをいたさなければならないケースである[29]。

　空間表現については「名詞のトコロ性」[30]がとりわけ問題となる。次のような誤用例がある。

　　(11)　＊彼は自転車<u>の上</u>からとびおりた。
　　　　"他从自行车上跳了下来。"

　中国語の名詞はトコロ性の有無によって次の三種類に分けられる[31]。Ⅰ類は「方向詞"里／上"などをつけてはならない」もので、地名・国名などの固有名詞(ex.日本、中国、北京)である。トコロ性をもつ名詞といえる。Ⅱ類は「それ自身のうちに場所を表す意味を含んでいるもの」であるが「"里"をつけてもつけなくても可能なもの」であり、"图书馆"(「図書館」)"邮局"(「郵便局」)"办公室"(「事務室」)"宿舍"(「寮、社宅、官舎」)"学校"(「学校」)"百

貸大楼"(「デパート」)"车站"(「駅、停車場、停留所」)などがある。トコロ性をもつものともたないものの中間に位置する名詞である[32]。Ⅲ類は「方位詞を欠かせない名詞」で"椅子"(「(背もたれのある)椅子」)"桌子"(「机」)"书架"(「本棚」)"床"(「ベッド」)"书"(「本」)など「場所性がうすい一般名詞」=「トコロ性がない名詞」である[33]。(11)の誤用はⅢ類の名詞である"自行车"に付加された"上"をそのまま直訳したことによって生じたものである。

また、中国語の"上"には、日本語の「人の体が存在する平面が起点の役割を務めるときに「の上」を使ってはいけない」という禁則がないことから＊「床の上から僕のペンを拾ってくれない？」(「の上」を削除すると正しくなる)という誤用例が生じたり、中国語の"上"が日本語の「の上」にない「表面」を表すという用法を持っていることから＊「彼女は首の上にスカーフを巻いている。」(「の上」を削除すると正しくなる)という誤用例が生じたりする[34]。更に「日本語では容器が平面に近づいてある限度まで来ると、もうそれを容器・空間としてはとらえず一つの平面としてとらえ」「皿の上」「盆の上」などのように言うが、一方、「中国語では、いくら深さがなくてもいくら広さが増しても容器は容器なので、「上」ではなく「里」を使うことから＊「お皿の中に魚をのせる。」(「の中」を「の上」に変えると正しくなる)という誤用例が生じることになる[35]。
この他、次のような表現上の相違がある。

(12) 十日程すると、丸山から呼出しの電話が掛かって来た。
　　　过了十天之后，丸山挂来了传呼电话。

日本語の表現が事物中心の表現であるのに対して、対応する中国語の表現は動作主中心の表現となっている。類例には「～の口からため息がもれる」→"～叹一口气"／「～が聞こえる」→"听到～"／「～から手紙が来る」→"～寄来一封信"などがある。概して、事物中心の表現(日)→動作主中心の表現(中)の方が動作主中心の表現(日)→事物中心の表現(中)よりずっと多いと思われる[36]が実際の資料による調査を行わないと確かなことは言え

ない(37)。使役表現についても日本語より中国語の方が多用すると言える。ただ、話者中心の表現を特徴とする日本語では「使役・受身」表現を多用する。

3　結語

以上、日本語表現と中国語表現について 2.1　話者中心性（①受身文②使役文③モダリティ表現④その他）　2.2　婉曲表現　2.3　反語表現　2.4　時間表現・空間表現等について考察を行ってきた。その際、誤用例に注目して論を展開した。日本語から中国語を見ると、動作主中心の、直接的表現が多く、反語表現の多用もFTAによるもののようにも思える。逆に中国語から日本語を見ると婉曲的な、話者中心の表現が多く、「あいまい」な言葉と言いたくなる衝動に駆られることもある。しかし、それだけではなく、日本語は繊細さを持つし、中国語も深みを備えた簡潔性を持つ。以下の章では更に具体的に両表現の相似と異同について論述していきたいと思う。

〔注〕
(1)　郭春貴（2001）pp.129-131
(2)　郭春貴（2001）p.105
(3)　＊「私、北京、行く」などの誤用例。（＊は誤用例を表す。）
(4)　＊「先生は私に日本語を教えました。」→（「私は先生に日本語を習いました」（正））
　　＊「さっき、～さんが電話しました。」→（「さっき、～さんから電話がかかってきました。」（正））などの誤用例。
(5)　藤田（2001）p.2
(6)　藤田（1994）p.70
(7)　藤田（1994）p.70
(8)　杉村博文（1992）
(9)　張麟声（2001）p.134, pp.123-127
(10)　張麟声（2001）pp.134-135
(11)　藤田（1995）p.45
(12)　藤田（1995）p.51
(13)　藤田（1995）p.53
(14)　藤田（1996）論文 pp.29-32
(15)　藤田（1995）p.52
(16)　藤田（1994）p.71

(17) 大河内康憲（1992 b）pp.184-188,p.195
(18) 大河内（1992b）p.196
(19) 藤田（1999）pp.26-29
(20) 藤田（1999）pp.28-29
(21) 藤田（1999）pp.27-28
(22) 日本語教育学会編（1982）p.207
(23) 藤田（1999）pp.29-32
(24) 藤田（1999）p.31
(25) 曹泰和（2000）p.326
(26) 藤田（2001）p.5
(27) 藤田（1999）p.32
(28) 藤田（2001）pp.7-8
(29) 語レベル、句レベル、文レベル、二文以上レベルで考える必要がある。
(30) 荒川清秀（1992）大河内康憲編集（1992b）所収
(31) 来思平、相原茂著　喜多山幸子編訳（1993）p.243
(32) 来思平、相原茂著　喜多山幸子編訳（1993）p.243。「ただし"家"jiāを除くと単音節の名詞（"城，厂，街"）はたとえ場所性があるように思えても話し言葉では"里／上"が必要である。また"～子"のつく名詞も方位詞が要る。たとえば"屋子、院子、房子、凸子、村子…"などで、これも意味上は場所性があるように思えるが文法上必ず方位詞をつける。」
(33) 藤田（1994）pp.68-69
(34) 張麟声（2001）pp.22-23
(35) 張麟声（2001）pp.31-35
(36) 藤田（1995）pp.53-54
(37) 実際例にあたると、身体部分を含む表現については、動作主中心の表現（日）→事物中心の表現（中）のほうが多いように思われる。（cf.第7章　動作主中心表現と事物中心表現―身体部分を含む表現について）

〔引用文献・参考文献〕

郭春貴（2001）『誤用から学ぶ中国語』白帝社
藤田昌志（2001）「誤用例の研究－中国語を母語とする日本語学習者の場合（Ⅰ）－」『三重大学留学生センター紀要』第3号
藤田昌志（1994）「中国語を母語とする日本語学習者の誤用について」『龍谷大学国際センター研究年報』第3号
大河内康憲編集（1992a）『日本語と中国語の対照研究論文集（上）』くろしお出版
大河内康憲編集（1992b）『日本語と中国語の対照研究論文集（下）』くろしお出版
張麟声（2001）『日本語教育のための誤用分析－中国語話者の母語干渉20例－』スリーエーネットワーク

藤田昌志（1995）「日中対照表現論－「転換」（日→中）について－」（1995）『龍谷大学国際センター研究年報』第4号
藤田昌志（1996）「日中対照表現論－減訳について－」（1996）『龍谷大学国際センター研究年報』第5号
藤田昌志（1999）「日中対照表現論－意訳（日→中）について（Ⅰ）－」（1999）『三重大学留学生センター紀要』第1号
日本語教育学会編（1982）『日本語教育事典』大修館書店
曹泰和（2000）「反語文の"不是……（吗）？"について－日本語と比較しながら－」（2000）『中国語学』247号日本中国語学会
呂才楨・戴恵本・賈永芬著●荒屋勸編訳（昭和61）『日本人の誤りやすい中国語表現300例』光生館
来思平、相原茂著　喜多山幸子編訳（1993）『日本人の中国語－誤用例54例－』東方書店
杉村博文（1992）「遭遇と達成－中国語被動文の感情的色彩－」大河内康憲編集（1992b）所収
大河内康憲（1992）「日本語と中国語の同形語」大河内康憲編集（1992b）所収 p.195
荒川清秀（1992）「日本語名詞のトコロ（空間）性－中国語との関連で－」大河内康憲編集（1992b）所収
藤田昌志（2007）『日中対照表現論－付：中国語を母語とする日本語学習者の誤用について－』白帝社

特に断りのない場合、用例は上記、参考文献のものを使用したことを付言しておく。

［付記］　日本で日本語教育受講者の最多数が中国語話者であるのに、日本語教育従事者で中国語に通暁し、日本語と中国語の表現の相違を把握している者はきわめて少ない。日本語教育はperformanceの名のもとに「口真似」をさせていればいいのでないことは周知の事実である。学習者の母語に通暁している者が語学教育に従事し、誤用例研究や対照研究を行うのが今後の外国語教育のあるべき姿であると筆者は考えている。中国語教育についてもそのことは言えると思う。

　本章は「日本語表現と中国語表現―誤用例分析等との関連で―」と題して日本語教育学会2004（平成16）年度研究集会－第1回－で発表した内容をもとにしている。すでに10年以上の歳月が流れるが、日本語教育、中国語教育従事者が知っておくべき両言語表現の相違を誤用例分析・日中対照表現との関連で論じた論文として公表することには現在でも一定の意義があると考える。現在でも実践的意義があると考えるので、加筆、修正のうえ、公表する次第である。

第2章

「ている」(日) と中国語表現
—日本語との対照から見た考察—

キーワード:「ている」 減訳（日→中） 意訳（日→中） V-了（日→中） 正、在、正在V（日→中）

1 序

中国語教育の初級で"（正）在"、"着"を教えるとき、よく対応する日本語は「ている」であるという説明が意識的、無意識的になされるが、逆に「ている」がどのような中国語と対応するかを考えると（日文中訳の際、とたんに問題になる）、問題はそれほど簡単ではなく、"（正）在"、"着"になることは少ない。本章ではそのことに鑑み、「ている」が現実にどのような中国語表現と対応するかについて調べ、その中に存在する問題点を明らかにしたいと思う。以下、最初に「ている」と"（正）在"、"着"等について関連の先行研究を考察し、次に実際に「ている」がどのような中国語表現と対応するかについて『日文中訳講座』や日本文学の中国語訳を通して考察することにする。まず、「ている」と"（正）在"、"着"等について関連の先行研究の考察から始めることにする。

2 「ている」と"（正）在""着""在""了"等—関連の先行研究について—

「ている」（日）の基本義は「動作の進行」、「結果の残存」を表し[1]、派生義として「くりかえし」／「経験」／「状態」等の意味を表す。中国語の"（正）在"は「動作の進行」を、"着"は「持続」（日本語の「結果の残存」とどう違うか?）を表す。

「ている」が「状態の変化」の中の「離脱現象」を表す（ex.「建ったばかり

の建築物なのに、ペンキがところどころはげている。」）際、"了"は「「変化」の成立（とその後、成り立った状態の含意）」（ex."刚盖好的一座楼房，很多地方油漆已经掉了。"）(2) を表す。（ここには日本語の「ている」と中国語の"了"の意味上の折り合いをつけようとする意識、努力が感じられる。）中国語母語話者は「はげた」としがちである。同様に"了"に対応する日本語文に、「テイル」形であるべきところに「〜タ」形が誤用される例文も多数見られる。（ex."她已经结婚了。"→（誤）「彼女は結婚した。→（正）結婚している。」」(3)。

"在"は「動作そのものがなんであるか」を問題にするときに使うのに対して、"着"は動作そのものより「動作のあり方、様態を描写する」ときに使う(4)。

「ている」は動作の持続、または進行を表し、対応する中国語の動詞にはそれ自身、持続の意味を持つものもある。その場合、中国語は動詞だけでよい。（ex."爱"、"知道"、"记得"、"主张"、"反对"等。）／「ている」は「存在の状態」を表すときは"着"、"在"となる。（ex.「〜スイカが〜植えられている。」→ "〜种着〜西瓜。"、「黒い塀が表門の両側に長々と延びている。」→ "黑色的围墙长长地延伸在门楼的两侧。"）／「ている」は動作、作用の完成後の状態を表し（多くは瞬間動詞）、中国語では多くは"了"が相当する。（ex.「〜、汽車のなかは明かりがついている。」"〜，火车里点上了灯。"）(5)

「「着」は一般に日本語の「テイル」に対応すると説明される。（中略）先の「瞪着我」の例（注：「我坐下了。接着，他忽然睁大眼睛，恶狠狠地瞪着我。」という文脈における「着」に「テイル」をあてると、「私は腰をおろした。すると彼は突然眼を見開き、私を憎らしげににらみつけていた。」と、やや不自然な日本語になってしまう。ここはやはり「にらみつけた」とすべきだろう。）は、アスペクト的パースペクティブにおいて持続的動作と捉え得るものである以上、それが用いられることも極めて自然であるという、この「着」の——「テイル」に比べて——より客体的な一面を示すものである。」(6)。

「シタ（ル）とシテイタ（ル）の対立にはテンス・アスペクト的な要素だけでなく、ムード的な要素も関わってきていると考えられる。」(7)。梁传宝　高寧（2000）によって、「ている」は減訳（日→中）されたり、"着"、"在"、"了"などと対応することがわかるが、その比率などは明らかでない。また、意訳

(日→中) されることもあるし、対応する表現は"着""在""了"以外の場合もあるであろう。木村（昭和57）、藤城（1996）の指摘は重要で、前者の「「着」の——「テイル」に比べて——より客体的な一面」は、逆に「ている」の「た」とのテンス・アスペクト的な要素による対立を、最終的には「着」の「テイル」に比べての客観性を示唆し、さらに後者は「ている」のムード的要素(藤城〈1996〉は「鈴木さんは〈来られないのが〉残念だといっていました。」の「いっていました」は「何かを言うという行為があったという動きの成立自体が問題にされているわけではな」く重要なのは鈴木さんが言ったことの内容であり、その内容とは「話者がそこで聞いたこと、感知したことである」と述べ、そうした動きを感知したときの話者の視点を「〜ていた」における感知の視点と名づけている〈藤城（1996）pp.1-6 〉。これは「〜ていた」(「〜ている」)にムードを見いだす視点である。)と「ている」に対応する中国語表現（客観性を重んじる。逆にいえば、日本語に比べてムード性が希薄。）のズレ等を示唆している。

　本章では、以上の関連する先行研究を踏まえて、日本文学の日文中訳等を通して、「ている」が実際、どのような中国語表現と形態的に対応するかを調べ、それぞれのケースについて特徴、問題点等を以下、考察していくことにする。

3　「ている」と中国語表現

　「ている」が中国語のどのような表現と対応するかを日本の小説、森村誠一と村上春樹の小説の日文中訳、『日文中訳講座』（時事中国語作文）によって調べてみる[8]と、『日文中訳講座』（時事中国語作文）では"着"の使用例が6例（第7位）であるのに対して、森村誠一と村上春樹の日文中訳では、森村が73例（第3位）で村上が28例（第4位）と"着"が「むしろ文章、特に小説の地の文においてよく出て」[9]くることを裏付ける結果が得られた。「ている」と"(正)在"の対応については『日文中訳講座』で28例（第4位）、森村が8例（第10位）で村上が6例（第8位）と、『日文中訳講座』という時事中国語作文で"(正)在"がより顕著に使用されているのは動作の進行と定型表現（"(正)在"を使用した表現）の明示化、パターン化の関連からそうなると、文学作品の場合と比べて、相対的には言えるのかもしれない。

翻って、「ている」が中国語のどのような表現と対応するかと言えば、今回、調べた結果では使用頻度別で、以下の表のように第1位は減訳（日→中）で、第2位は意訳（日→中）であった。以下、第3位:V-了（日→中）、第4位:V-着（日→中）、第5位:その他（日→中）、第6位:転換（日→中）、第7位:V-在（日→中）、第8位:正、在、正在V（日→中）、第9位:V-到（日→中）、第10位:V,Adj-過（日→中）、第11位:呢（日→中）という順となっている。

順位	中国語種別	『日中』	森村『密』	村上『ピン』	総計(例)	%
1	減訳	174	231	138	543	39.3
2	意訳	73	159	73	305	21.9
3	V-了	50	66	18	134	9.6
4	V-着	6	73	28	107	7.7
5	その他	11	32	35	78	5.6
6	転換	24	30	9	63	4.5
7	V-在	0	28	22	50	3.6
8	正、在、正在V	28	8	6	42	3
9	V-到	12	24	4	40	2.9
10	V,Adj-過	5	14	1	20	1.4
11	-呢	0	7	1	8	0.6
総数		383	672	335	1390	100

3.1 減訳（日→中）

第1位の減訳（日→中）例は『日文中訳講座』174例（総数383例）、森村が231例（総数672例）、村上が138例（総数335例）で第1位（総計543例）であった。全体の39.3%を占める。このことは一体何を物語っているのか。「ている」はなぜ中国語ではかくも非明示(implicit)となるのであろうか。「～と言っていた」、「～を報じていた」などの「ている」部分は中国語では"说"になり、「～男に傾きかかっている」、「地面に根を下ろしていた」などの「ている」部分も中国語では非明示表現になる。次はその具体例である。

（1）「やつはたしか、仕事がかたづいたので、おくればせながら後から追っかけて来たと<u>言ってたんだな</u>」（森村誠一『密』（=『密閉山脈』）429（数字は整理上の通し番号。数ではない。以下同じ。）→ "他不是<u>说</u>处理完工作后赶来的吗？"（《迷》（=《迷人的山顶》））

（2）気象通報も〜を<u>報じていた</u>。（森村誠一『密』6 ）→ "气象预报<u>说</u>，〜"（《迷》）

（3）殺人者かもしれない男に急速に<u>傾きかかっている</u>自分の心〜（森村誠一『密』314）→
〜自己<u>倾心</u>于可能是杀人凶手的男子（《迷》）

（4）振り返れば死は広大な敷地のそれぞれの地面に<u>根を下ろしていた</u>。（村上春樹『ピン』（=『1973年のピンボール』）116 ）→ "回首望去，广阔的墓地上，死<u>植根</u>于各自的地面。"（《弾子》（=《1973年的弾子球》））

　日本語では「感知の視点」の際に「ていた」が使われるという指摘も重要で一つの根拠となる（藤城1996）が、「ている」が中国語で非明示（implicit）となるのは中国語が日本語に比べて客観的表現を好み、相対的にではあるがムード的な表現を明示しないからだと言えるのではないだろうか。（このことについては今後研究していく必要がある。）
　このほか、**減訳（日→中）**例には次のようなものがあった。印象的な、よく使用されると思われるものを列挙する。

・『日中』（=『日文中訳講座』）

○「<u>計画している</u>」→ "<u>计划</u>" 1-16,「〜を<u>計画している</u>」→ "将进行〜的<u>计划</u>" 2-17,「<u>呼びかけている</u>」→ "<u>呼吁</u>" 3-12,「<u>話題になっている</u>」→ "<u>引起很大反响</u>" 3-16,「合同で<u>作業していた</u>」→ "合作<u>进行</u>" 4-14,「〜が争点に<u>なっている</u>」→ "<u>成为</u>争论的焦点" 4-16,「<u>予測している</u>」→ "<u>预计</u>" 5-2,「輸出も<u>停滞している</u>」→ "出口也<u>处于停滞状态</u>" 6-25,「〜などと<u>説明していた</u>」→ "<u>说明</u>" 7-1,「詳しい報告を<u>求めている</u>」→ "<u>要求</u>他们做出详细的报告" 7-4,「不参加を<u>表明している</u>」→ "<u>表明</u>不参加" 7-14。

・『密』《迷》

○「改札口で待っていてはくれなかった」→"没有在剪票口等待"37,「西面に位置しているため～」→"由于位于北穂高岳西面～"85,「非常に優勢な高気圧の圏内に入っているので」→"目前正处于极强的高压圈内,～"138,「帰宅が遅くなったのは～その話しをしていたからなのです」→"当晚我之所以回家晚了,就是由于见到真柄和他谈论这件事的缘故"289,「〝開店休業〟のような状態が続いている」→"～处于"开业休整"状态。"373,「現実に生きている～男」→"现实中活生生的,～的男子"381,「地上最高の場所で寝ている人間」→"在世界最高的地方睡觉的人"520,「文字がかなり乱れているが、」→"字迹相当潦草"536。

・『ピン』《弹子》

○「～できるのは日曜日の午後に限られていた」→"仅限于周日下午,～"28,「彼らの心は愛に富んでいる」→"～,他们富于爱心,～"30,「父親が一時書斎がわりに使っていたマンション」→"父亲一度当书房使用的公寓套间"47,「ナイーブさを示していた」→"表明她骨子里全不戒心的单纯。"96,「喫茶店は混みあっていて～」→"店很挤,～"104,「地表はぐっしょりと濡れていた。」→"地面已经湿漉漉的了。"148,「クロード・ルルーシュの映画でよく降っている雨だ。」→"勒鲁什的电影中常下的雨。"155,「彼女が何処かで僕を呼びつづけていた。」→"她在某处连连呼唤我。"194,「ジェイは～何をするでもなく煙草を吸っていた。」→"杰～,懒懒地吸烟。"209,「そして虫だけが地表を被いつくしていた。」→"唯独秋虫遮蔽地表。"240。

　上の例では"一音節動詞／形容詞＋于"は「〜ている」に対応している場合が多い。そして"于"の前に来るのは状態性を表す動詞、形容詞が多い。「〜ている」が連体修飾となる場合は中国語では"〜的"となる場合が多いようだ。「彼女が何処かで僕を呼びつづけていた。→"她在某处连连呼唤我。"194(『ピン』)のように"连连"のような"状语"で「〜ている」の動作の進行、継続の意味を表すこともある。これは一般的な表現法である。(ex.「〜ておく」(一時的処置や準備の意味)の場合,"暂时""先"によって「〜ておく」の意味の代わりとする[10]。)

3.2 意訳（日→中）

　第2位の意訳（日→中）の場合。全体の21.9%を占める。大きくは次のタイプに分けられる。当然のことながら、○ほかの意味、表現に置き換えて中国語にするもの。これが一番多い。以下、ほぼ多い順である。○成句・成語・慣用句（中）にする。○密（日）→粗（中）：複雑な表現（日）をより単純な表現（中）にする。○説明的表現（中）にする○粗（日）→密（中）：単純な表現（日）をより複雑な表現（中）にする。

○ほかの意味、表現に置き換えて中国語にする例：「～と分析している」→"认为"『日中』2-14,「～が一部で伝えられている」→"有报道说：～"『日中』3-11,「東へ向かって進んでいる低気圧」『密』→"向东扑来的低压槽"《迷》9,「大抵のものはそんな風にできている」『ピン』→"事物大多如此"《弹子》18,「～，皮膚はひどくカサカサと乾いていた」『ピン』→"～，皮肤粗糙不堪"《弹子》182。

○成句・成語・慣用句（中）にする例：「～もう胸の中には何も残っていない」『密』→"在她胸中早已荡然无存"《迷》18,「社内にはサラブレッドの秀才英才がひしめいていた。」『密』→"商社内人才济济。"《迷》19,「双子も黙っていた。」『ピン』→"双胞胎也一声不响"《弹子》54,「これまでにない様々な工夫に満ちていた。」『ピン』→"史无前例的妙笔无所不在。"《弹子》199。

○密（日）→粗（中）：複雑な表現（日）をより単純な表現（中）にする例：「台湾の兵役は18歳以上の男子に課せられている。」→"在台湾，十八岁以上的男子一定要服兵役。"『日中』3-7,「～は出荷作業に追われている。」→"～忙于送货工作。"『日中』9-11,「私、ずいぶんひどいかっこうしていたんでしょうね」『密』→"我那时很不成样子吧？"《迷》55,「真柄に最初から大きなハンディがつけられている」『密』→"从开始他就处于十分不利的地位。"《迷》79,「雨は見渡す限りの貯水池の水面に降り注いでいる。」『ピン』→"广阔的水面触目皆是下泻的雨丝。"《弹子》150,「そんな町が道路に沿ってどこまでも連なっていた。」『ピン』→"这样的镇子沿路绵绵不断。"《弹子》297。

○説明的表現(中)にする例:「涙の落ちるにまかせている貴久子の姿は～」『密』→"她～，听任泪水从睁开的黑黑的大眼睛里涌出，落下"《迷》174，「ヘルメットに夢中になっていて～」『密』→"～把全部注意力放到了头盔上"《迷》584。

○粗（日）→密（中）：単純な表現（日）をより複雑な表現（中）にする例：「同研究所は～とみている」→"该研究所分析，～"『日中』6-21，「岩は～落ち着きを失っている」『密』→"松脆的逆层岩石随时都可能脱落。"《迷》120,「～くっきりとした夕焼けを眺めた。」『ピン』→"眺望鲜明亮丽的火烧云～。"《弾子》122。

○説明的表現（中）にするもの、と○粗（日）→密（中）にするもの、は似ているが、前者がより日本語的表現を中国語によって「説明」するのに対して、後者は日本語表現をより具体的、明確な意味の中国語表現にするものである。オーバーラップするところはある。一応の立て分けであることを付言しておく。

3.3　V-了（日→中）

第3位のV-了（日→中）の場合。全体の9.6%を占める。"引起了"になるものが5例あった。「石原氏の発言は中国側の反感を買っている。」→"石原慎太郎的发言引起了中国的反感。"『日中』2-5,「～ことから試算の有効性への疑問が起こっている。」→"～因此引起了对试算的有效性的质疑。"『日中』10-19,「話題を呼んでいる。」→"这消息引起了人们的关心。"『日中』3-6,「Aが～したことが波紋を広げている。」→"A～，引起了很大影响。"『日中』4-19,「内部で脳内出血を起こしているのだろう。」『密』→"～，大概是引起了脑淤血。"《迷》168。日本語の「ている」は「進行」や「結果の残存」「状態」を表しているが、中国語のV-了を用いた表現は「動作の完了」を表しているととれる。もっとも、もう一つ中国語のV-了を用いた表現は日本語が「状態の変化」の中の「静的な状態」を表す場合（ex.「靴下が破れている。」"袜子破了。"、「コンピューターが直っている。」"计算机修好了。"）の「「変化」の成立」[11]を表すとする考え方もある。そのように考えることも可能なようにも思う。中国語のV-了は「完

了」と「変化」を表すのであるから。

　"留下了"になるものが4例あった。「今後に課題を残している。」→"此事也给今后留下了一个课题。"『日中』6-27,「自宅には「～」とボールペンで書かれた書置を残しており～」→"该夫妻在住宅里用圆珠笔留下了"～"的条子。"『日中』10-8,「～打撃だけが、消すことのできない結果となって残っているだけである。」『密』→"只是他（或她）给影山和头盔的打击,留下了无法消除的罪证。"《迷》279,「むしろ貴久子にとっては恥ずかしい記憶の強い場所でのはずであったが、真柄に醜態をさらすところを危く救われたことが柔らかな思い出となって、あの夜の高層食堂の夜景とともに美しくけむっていた。」『密』→"她缠绵地回忆起真柄为了不让自己当众出丑,帮了自己的大忙,和那天晚上在高层餐厅上看到的夜景一样,两者都给她留下了美好的回忆。"《迷》502。日本語の「ている」は「結果の残存」や「進行」を表しているが、中国語のV-了を用いた表現はやはり"引起了"同様、「動作の完了」を表している。この場合も、中国語のV-了表現は"引起了"同様に日本語が「静的な状態」を表す場合に「「変化」の成立」[12]を表すと考えることも可能なように思う。この場合の方が"引起了"よりも、そのことがより典型的に言えるようである。

3.4　V-着（日→中）

　第4位は-着（日→中）で全体の7.7%を占める。『日文中訳講座』6例（総数383例）、森村が73例（総数664例）、村上が28例（総数334例）で総計107例（総数1371例）、全体の7.7%であった。既述のように"着"が「むしろ文章、特に小説の地の文においてよく出て」くることを裏付ける結果が得られたが"-着"の前に来る動詞には「見る」類（13例）、「愛する」類（7例）、「待つ」類（5例）、「有る」類（3例）が比較的、多い。「見る」類には「(山頂を)見つめる」『密』→"盯"《迷》197,「(ヘルメットを)見る」『密』→"盯"《迷》221,「～に～視線を投げる」『密』→"注视"《迷》248,「ためつすがめつする」『密』→"端详"《迷》254,「見張る」『密』→"注视"《迷》499,「目を宙に据えている」『密』→"望"《迷》513,「見守る」『密』→"观望"《迷》531,「空を眺める」→"望"《迷》559,「(自分の指先を)見る」『ピン』→"看"《弾子》135,「(煙

草が～燃え尽きるのをじっと）眺める」『ピン』→ " 看 "《弾子》212,「（空の一点をじっと）眺める」『ピン』→ " 盯视 "《弾子》292,「（小鳥たちが～の上から僕たちを）眺める」『ピン』→ " 注视 "《弾子》313 などがあり、すべて「～ている」→ "-着 " となる。たとえば「（山頂を）見つめていた」『密』→ " 盯着山顶 "《迷》197,「（小鳥たちが芝生の上や金網の上から僕たちを）眺めていた。」『ピン』→ " （数量多得惊人的小鸟从草坪和铁丝网上）注视着（我们）。"《弾子》313 のような例がある。

「愛する」類（7 例）には「愛しはじめる」『密』→ " （(在）爱（着）"《迷》358,「～に好意を寄せる」『密』→ " （在）爱（着）"《迷》365,「～に対して熱い感情を持つ」→ " （热烈地）爱 "《迷》432,「～に惚れる」→ " 爱 "《迷》434,「愛する」『密』→ " 爱 "《迷》472 などがあり、「真柄はたしかに貴久子に惚れていた。」→ " 真柄的确爱着贵久子。"《迷》434 のような用例がある。" 爱 " は元来 " 知道 " のように「持続」の意味を持っているので " 着 " を付ける必要はないのであるが、" 爱着 " の形は現在、小説などでは普通に見られるようになっている。「待つ」類は " 等 "" 等待 " などが使用されるもので、よく目にするものである。「熊耳は分骨がすむのを固唾をのむ思いでじっと待っていた。」『密』→ " 熊耳一直紧张万分地等待着分葬骨灰的结束。"《迷》302 のような例があった。「有る」類は当然、" 有 " を使用するもので「彼らはみな一様に熱っぽい目をしていた。」『密』→ " 他们有着一双和影山、真柄一样热情的眼睛。"《迷》400 のような用例があったが、" 有 " も元来は " 着 " なしで使用されるものである。しかし、" 有着 " の形も " 爱着 " 同様、小説などでは普通に見うけるようになっている。

3.5　その他（日→中）

第 5 位はその他（日→中）で全体の 5.6% を占める。方向補語や状態補語、結果補語、可能補語などを使ったものがあった。「地方では早くも興奮が高まっている。」→ " 当地为此提早兴奋起来。"『日中』6-13,「頭は幾分すっきりし始めていたが～」『ピン』→ " 脑袋多少清醒过来 "《弾子》100（方向補語の使用例）。／「（貴久子は）気分がよくなっていた。」『密』→ " 贵久子～，心情又变得愉快了。"《迷》238,「そんなわけで僕たち三人はそれぞれに満足して幸せに

暮らしていた。」『ピン』→"这么着,我们三人都过得心满意足,快快乐乐。"《弹子》38（状態・程度補語の使用例）。／「罠はやはり大きな獲物をしっかりととらえていた。」『密』→"圈套紧紧套住了一个大猎物。《迷》336,「あの娘、いつの間にか、真柄を好いている。」『密』→"她不知不觉爱上了真柄。"《迷》442（結果補語の使用例）。／「沈着な登攀隊長の声が興奮している。」『密』→"一贯沉着的队长也抑制不住自己的激动。"《迷》526（可能補語の使用例）。このほか、不訳（訳さないで省略する）や副詞を加訳した表現にするもの（ex.「その先端は空中に～意味のないもようを描き続けている。」『ピン』→"其端头在空间不断勾勒出若干复杂而又无意义的图形。"《弹子》294）などがあった。

3.6　転換（日→中）

　第6位は転換（日→中）で全体の4.5%を占める。これは以下の種類に分かれる。〇受身（日）→非受身（中）（23例）〇事物中心表現（日）→動作手中心表現（中）（10例）〇倒置類（9例）〇動詞（日）→副詞（中）（4例）〇肯定表現（日）→否定表現（中）（4例）／否定表現（日）→肯定表現（中）（2例）〇非使役表現（日）→使役表現（中）／〇使役表現（日）→非使役表現（中）（各1例）

〇受身（日）→非受身（中）にする例：「小泉首相は朱首相から～と言われていた。」→"朱总理向小泉首相表示说:"『日中』6-4,「真柄はまだ自分が疑われていることに気がついた気配はない。」『密』→"真柄还没有觉察到贵久子在怀疑他。"《迷》357。

〇事物中心表現（日）→動作手中心表現（中）にする例：「空自の先遣隊から～との報告が防衛庁に届いている。」→"航空自卫队的先遣队向防卫厅发出了～的报告。"『日中』7-18,「雪がかなりあり、夜明けの寒さでしまっている。」『密』→"积雪很多,黎明时的寒气把雪冻硬了。"《迷》493。

〇倒置類（日→中）にする例：「彼はその時、炎とその上にまっすぐに立ちのぼる黒煙を見ていた。」『密』→"他看到的是熊熊的火焰和笔直上升的黑烟。"《迷》527,「～で死にかけたシマウマがちょうどあんな色の泥水を飲んでた

な。」『ピン』→"过去~上快死的斑马喝的正是那种颜色的泥水。"《弹子》275。

○動詞（日）→副詞（中）にする例：「古いレーベルの復活などが相次いでいる。」→"老歌星等相继复出。"『日中』1-1,「ウェイターへのオーダーの仕方など堂に入っていて、〜」『密』→"真柄一边说着，一边在行地向侍者订菜。"《迷》233。

○肯定表現（日）→否定表現（中）にする例：「ただ雪はよくしまっているので、アイゼンはよくきく。」『密』→"但雪还没化，登上钉靴踩上去很牢靠。"《迷》161。

○否定表現（日）→肯定表現（中）にする例：「岩は硬いがおちついていない。」『密』→"岩石很硬，但很松动。"《迷》495。

○非使役表現（日）→使役表現（中）にする例：「銀行内はこの前代未聞ともいえる「逆の玉のこし」に湧いていた。」『密』→"无先例的〝倒提亲〟的婚事，使银行内部的人们大为震惊。"《迷》385。

○使役表現（日）→非使役表現（中）にする例：「〜となって、人々の目を楽しませている。」→"〜，人们高高兴兴地欣赏花。"『日中』5-28。

　○受身（日）→非受身（中）にする例、○非使役表現（日）→使役表現（中）にする例　は日本語表現の中国語表現に比べての、受身表現の多さ、使役表現の少なさを示唆している。○事物中心表現（日）→動作手中心表現（中）にする例　は翻訳文（日→中）を資料として扱うことによって初めて浮かび上がってくる問題で、中国語文だけを扱っているとすべて**動作手中心表現（中）→動作手中心表現（日）（直訳）**となり、浮かび上がってこないであろう。翻訳は「文化の独立性」と深い関係のある行為である。

　3.7　V-在（日→中）
　第7位はV-在（日→中）で全体の3.6％を占める。次のような例がそうである。「あなたは真教寺尾根の上の方で倒れていたんだ。」『密』→"你倒在了真教寺山背的上方。"《迷》46,「景山が遭難時に身につけていた遺品」『密』→"影

第 2 章 「ている」(日)と中国語表現―日本語との対照から見た考察― 49

山遭难时<u>带在身边的</u>遗物"《迷》210,「アパートは以前に漁師の小屋があった辺りに建っている。」『ピン』→ "公寓<u>建在</u>以前渔民小屋所在的地方。"《弹子》70,「〜、見渡す限りのピンボール台がコンクリートの床にずらりと<u>並んでいた</u>。」『ピン』→ "目力所及,唯见弹子球机齐刷刷地<u>排列在</u>水泥地板上。"《弹子》256。

このほか、V-在のVとして以下のようなものがあった(( )はもとの日本語)。"-在"と統語上、結びつきの強い動詞といえるであろう。"覆盖"(←(頭上を) おおう (高層雲) (矢印、以下同じなので省略。))、"停留"((ホームで) ぐずつく)、"躺"(寝る)、"躺倒"(倒れる)、"等"(待つ)、"挡"(立ちふさがる)、"挎"(肩がらみにする)、"吊"(宙づり状態になる)、"住"(住む)、"戴"((ヘルメットを頭に) 着ける)、"耸立"((国境に) そびえる)、"夹"(はさむ)、"睡"((隣に) 寝る)、"葡匐"((日だまりの中に) うずくまる)、"集中"(集まる)、"矗立"((ぽつんと) 立つ)、"晾"((木箱を) 干す)、"束"((髪を) 束ねる)、"堆"(積み上げる)、"沉淀"((夕日が芝生に) こぼれる)、"坐"(座る)、"浮现"((ぼんやりと) 浮かぶ)、"沉"((ビールの残りがグラスの底に) <ruby>淀<rt>よど</rt></ruby>む)、"洒"((スパゲティーはバジリコのかわりに紫蘇が) かかる)、"放"((塩の瓶がトレイにきちんと) 収まる/収まっている)、"装"((箱に綿棒を) 詰め込む/箱に綿棒が詰め込まれている)。

次のように、日本語にない、V-在の後の「場所」が加訳(日→中)されないといけない場合がある。日本語母語中国語学習者には要注意個所であろう[13]。「誰か倒れている」『密』→ "好像有人倒<u>在那里</u>。"《迷》11,「自分は一体どんなかっこうで倒れていたのだろう。」『密』→ "自己躺倒<u>在地上</u>的姿态该多么难看啊!"《迷》54,「北壁全体は見るからに<ruby>獰猛<rt>どうもう</rt></ruby>な形相でそびえ立っていた。」『密』→ "北坡〜,板着一副狰狞面孔矗立<u>在我们面前</u>。"《迷》422,「当然のことのようにぴったりと寄り添っていた一人の若い女」『密』→ "紧紧偎依<u>在他身旁</u>的一个年轻女人"《迷》461,「貴久子がついていたおかげで〜」『密』→ "贵久子坐<u>在她旁边</u>,〜"《迷》504,「真柄が景山をなぐった時の血がついているように見えた」『密』→ "就像那是真柄打倒影山后留<u>在冰镐上</u>的血迹似的。"《迷》585,「〜には、〜細かい魚が木箱に詰められて干されていた。」『ピ

ン』→"箱里装満了早上捕来的小鱼,晾在那里。"《弾子》64,「スパゲティーは、〜、バジリコのかわりに〜紫蘇がかかっていたが〜」『ピン』→"意面〜，〜，而是用切細的紫蘇撒在上面。"《弾子》222。言語表現の非明示性、明示性の対立には注意を払わなければならない。

3.8 正、在、正在 V（日→中）

　第 8 位は正、在、正在 V（日→中）で全体の 3% を占める。"在" は「動作そのものがなんであるか」を問題にするときに使われ、持続性動詞では "在" はかなり自由に使われる[(14)]。『日文中訳講座』では使用例が 28 例見られるのに対して、『密』では 7 例、『ピン』ではわずか 6 例というのは注意を引く。「日文中訳講座という時事中国語作文で"（正）在"がより顕著に使用されているのは動作の進行と定型表現（"（正）在"を使用した表現）の明示化、パターン化の関連からそうなると、文学作品の場合と比べて、相対的には言えるかもしれない。」（既述）と述べたが次の例など、動作の進行と定型表現のパターン化と言えるように考えられる。

「プロジェクトを現在、〜で展開している。」→"目前这项活动正在〜开展。"『日中』（以下、すべて『日中』）1-6,「開発が進んでいる。」→"正在进行开发"1-7,「ローンの普及を急いでいる」→"正在促进贷款的普及"1-8,「キャンプをしていた会社員ら」→"正在野外郊游的公司职员"2-9,「救援活動が続けられている」→"在继续进行救援活动"2-10,「年金制度のあり方が論議になっている」→"理想的年金制度还在讨论"9-14,「動機などについて聞き取り調査を続けている」→"正在继续进行杀人动机等听证调查"10-18,「インフラ整備が急速に進んでいる」→"基础设施的修建正在迅速进行"3-4,「事故と混乱防止につとめている」→"正在采取各种各样的措施努力防止事故和混乱的发生"4-3,「低迷を続けている」→"低迷的状态仍在持续"4-12,「日本政府内には戸惑いが広がっている」→"日本政府内部方面, 困惑在蔓延"4-21,「ここ数年マグロの卸売価格が急上昇している」→"这些年, 金枪鱼批发价格在急剧上涨。"6-12,「登録美術館の拡大に努めている」→"正在努力促进注册美术馆。"6-28

第2章 「ている」(日)と中国語表現―日本語との対照から見た考察― 51

正、在、正在 V (日→中)は『密』では8例、『ピン』では6例あるが、次のような動詞、表現が正、在、正在とともに使われている。(( )はもとの日本語)。『密』:"正在同〜苦斗。"(←(〜と苦闘している。)131(矢印は同じなので、以下省略。))、"在制订计划时〜"(計画を立てている時に〜)338、"〜在怀疑着他，〜"((〜に)自分が疑われていることに〜)357、"在爱着〜"(〜を愛し始めている)358、"在爱着〜"(〜に好意を寄せている)365、"她在浏览〜时，〜"(〜に目を通していた時〜)407、"现在正睡在自己身旁的〜"(今、自分の隣に寝ている〜)518、『ピン』:"越南正分为两部分在打仗〜"(ベトナムが二つの部分に分かれて戦争をしていることを〜)44、"收音机正大声吼着一支老情歌，〜"(カー・ラジオは古い艶歌をがなり立てていた)81、"到底在找什么呢？"(いったい何を捜していたのだろう。)119、"我正找词回答，〜"(僕がうまい答を捜しているあいだに〜)168、"双胞胎正在床上做一本周刊上的冰，拼子游戏。"(双子はベッドの中で週刊誌のクロスワードを完成しかけているところだろう。)281、"〜，数公里外有人在卿卿我我。"(〜何キロも遠くで人々は愛を語っていた。)307

3.9 V-到(日→中)

第9位はV-到(日→中)で全体の2.9%を占める。結果補語"−到"は「時間的、空間的な到達、達成」そして「抽象的な到達、達成」を表す[15]。「空間的な到達、達成」としては次のような例がある。『日中』:"感染地区是波及到〜"(←(感染地域は〜に及んでいる。)( )はもとの日本語。矢印、同じなので以下省略。)9-28、"被出国到美国"(米国に輸出されていた)9-31、『密』:"救援队〜，很早就集合到〜"(救助隊が〜へ集結していた。)200、"骨盆盆直接埋到了土中。"(土中に直接埋められているのだ。)333、"汤浅贵久子和母亲一起来到了久未光顾的银座。"(湯浅貴久子は母と一緒に久しぶりに銀座に出ていた。)500。『ピン』:"弹子球机〜，一直排到仓库尽头墙壁。"(台は〜倉庫のつきあたりの壁まで並んでいた。)257。「時間的な到達、達成」を表すのは次のような例である。『密』:"星期六晚上还在警察署里工作到这么晚，〜"(土曜日のこんなに遅くまで職場へつめているのだから、〜)244、"贵久子终于说出了忍到现在的疑问。"

(貴久子は今までがまんしていた疑問を口にした。)255。

「抽象的な到達、達成」を表す V-到（日→中）は "到" の後に「量」や「率、程度」、「事実、事情」などを表す語、句等が来る。次はその例である。『日中』:"累計损失达到1.3 吨。"（被害は～約1.3 トンにのぼっている。）「量」9-3 ／ "蓄水率减少到0% 的～"（貯水率が0% に落ち込んでいた。）「率、程度」5-11,"没有做到足够的看护。"（充分な看護ができていない。）「程度」6-24。／『密』:"～的中井充分意识到,自己所处的地位很容易招到公司同事的反感。"（彼は自分の、社内の反感を招きやすい位置をよく悟っていた。）「事実、事情」101 ／ "不知他是否估计到死亡降临。"（彼が自分の死を予知していたかどうかは分からない。）「将来の事実」202 ／ 『ピ』:"的确,寒气已升到难以忍耐的程度。"（確かに冷気は耐え難いほどに強まっていた。）「程度」280。

3.10　V,Adj-过（日→中）

第10位は V,Adj-过（日→中）で全体の1.4%を占める。「ている」には「結果の残存」から派生した「経験」の意味を表すことがあるが、V,Adj-过も「経験」を表すので重なる。次の例などそうである。"迄今为止它已有过四次生产的经验。"（(パンダは)これまで4度の出産を経験していた。）『日中』2-12,"她曾为中井的事而深深地烦恼过"（彼が原因で貴久子が深く悩んでいたことは～）『密』69,"还没有人攀登过K2东北山脊，～"（K2東北稜はまだ誰も登っておりません。）『密』548。

3.11　-呢（日→中）

第11位は -呢（日→中）で全体の0.6%を占める。"～着～呢" という例が8例中、3例を占める。(ex. "～意识到～,因而在小心谨慎地窥测着时机呢？" ←「～を充分に悟って、慎重にかまえているのか。」『密』17) 他例としては "躺在～呢"（「寝ている」）『密』2、"处于～呢"（「～状態におかれている」）『密』5 などがあった。

4 結語

　以上、「ている」が中国語のどのような表現と形態的に対応するかを日本の小説、森村誠一と村上春樹の小説の日文中訳、『日文中訳講座』(時事中国語作文)によって調べて、その考察を行ってきた。**減訳（日→中）、意訳（日→中）が全体の 60% を超えるのは新しい発見**であった。その理由については今後、モダリティーとの関係も視野に入れて考察していく必要がある。中国語の"(正)在"は「動作の進行」を、"着"は「持続」を表すが、中国語の「持続」と日本語の「結果の残存」とがどう違うかも重要な課題である。第3位のV-了（日→中）については、「ている」が「状態の変化」の中の「離脱現象」を表す（=「非存在型」）(ex.「建ったばかりの建築物なのに、ペンキがところどころはげている。」) 際、"了"は「「変化」の成立（とその後、成り立った状態の含意）」(ex."刚盖好的一座楼房，很多地方油漆已经掉了。") [16] を表すとする考え方や、中国語のV-了を用いた表現は「ている」が「状態の変化」の中の「静的な状態」を表す（=「非存在型」）場合（ex.「靴下が破れている。」"袜子破了。"、「コンピューターが直っている。」"计算机修好了。"）「「変化」の成立」[17] を表すとする考え方は重要である。「ている」と"了"の対応に折り合いをつけようとしているからである [18]。「日文中訳講座という時事中国語作文で"(正)在"がより顕著に使用されているのは動作の進行と定型表現（"(正)在"を使用した表現）の明示化、パターン化の関連からそうなると、文学作品の場合と比べて、相対的には言えるかもしれない。」(既述) と述べたが、動作の進行と定型表現のパターン化には注目したい。

　「ている」に対応する中国語表現の研究は今回の形態を中心とした対応関係の考察を基礎として、形態の対応の根底にある認識方法の相違やモダリティーの明示性、非明示性（や含意）の相違の研究に向かうのが正道であろう。本研究がその基礎研究となり、後続の日中対照表現論の研究者が出てこられるなら喜びこれにすぐるものはありません。

　　[付記] 本章は中国語教育学会第8回全国大会（2010年6月5日、6日　於 桜美林大学）
　　　　で発表した内容に基づいて作成したものであることを付言しておく。

〔注〕
(1) 金田一春彦（1950）等。通説
(2) 張麟声（2001）pp.140-141
(3) 単文垠（2006.3）「今回の調査ではＶ了に対応する日本語文に、「～テイル」形であるべきところに「～タ」形が誤用される例文も多数見られる。(中略) 例6 她已经结婚了。正文 彼女は結婚している。(「する」2人／「していた」17人／「した／していた」3人／「した」60人／「ている」12人　正解率13%　)」p.221。
(4) 荒川（2003）p.141
(5) 梁传宝、高宁（2000）pp.258-260
(6) 木村（昭和57）pp.31-32
(7) 藤城（1996）p.10
(8) 用例採取書目（出典）については本稿の最後部を参照のこと。選定理由は森村誠一（平成7）、村上春樹（1990）についてはポピュラーな現代作家の小説であること、『日文中訳講座』（時事中国語作文）についてはより客観的な、時事的内容を中心とすることである。主観、客観両方の用例をバランスよく採取したいという意図から当該書目を選定した。
(9) 荒川（2003）p.141
(10) 藤田（2007）『日中対照表現論』「減訳（日→仲）」について p.35
(11) 張麟声（2001）p.142
(12) 張麟声（2001）p.142
(13) 藤田昌志（2007）pp.9-11
(14) 荒川（2003）p.141
(15) 荒川（2003）p.72
(16) 同 (2)
(17) 同 (11)
(18) このことに関して、稲垣（2013）は示唆的な論文である。

〔引用文献・参考文献〕
荒川清秀（2003）『一歩すすんだ中国語文法』大修館書店
荒川清秀（1984）「テイルの諸相」　中国語友の会編集（1984）所収
中国語友の会編集（1984）『中国語』
荒川清秀（1985）「"着"と動詞の分類」　中国語友の会編集（1985）所収
中国語友の会編集（1985）『中国語』
陳淑梅（1997）「～テイルの中国語訳についての一考察」　慶應義塾大学日吉紀要刊行委員会（1997）所収
慶應義塾大学日吉紀要刊行委員会（1997）『慶應義塾大学日吉紀要言語・文化・コミュニケーション』
梁传宝、高宁編著（2000）『新编日汉翻译教程』上海外语教育出版社

単文垠（2006.3）「日本語の「〜ル」、「〜タ」、「〜テイル」、「〜テイタ」と中国語の対応諸表現に関する一考察―中国語母語話者の誤用分析を中心に―」東アジア日本語教育・日本文化研究学会（2006.3）所収
　　東アジア日本語教育・日本文化研究学会（2006.3）『東アジア日本語教育・日本文化研究（第九輯）』
木村英樹（昭和57）「中国語」　寺村秀夫（昭和57）所収
寺村秀夫（昭和57）『講座日本語学11 外国語との対照Ⅱ』明治書院
金田一春彦（1950）「国語動詞の一分類」　金田一春彦編（1976）所収
金田一春彦編（1976）『日本語動詞のアスペクト』むぎ書房
藤城浩子（1996.3）「シテイタのもう一つの機能―感知の視点を表すシテイタ―」（1996.3）日本語教育学会（1996.3）所収
　　日本語教育学会（1996.3）『日本語教育』88号
張麟声（2001）『日本語教育のための誤用分析 - 中国語話者の母語干渉20例 -』スリーエーネットワーク
藤田昌志（2007）『日中対照表現論　―付：中国語を母語とする日本語学習者の誤用について―』白帝社
稲垣俊史（2013）「テイル形の二面性と中国語話者によるテイルの習得への示唆」中国語話者のための日本語教育研究会編（2013）所収
　　中国語話者のための日本語教育研究会編（2013）『中国語話者のための日本語教育研究』第4号
中国語話者のための日本語教育研究会編（2016）『中国語話者のための日本語教育研究』第7号

（順不同）

【用例採取書目】
『日文中訳講座』（時事中国語作文）（日中通信社『中国語世界』所収1998年28号〜 2004年335号）
森村誠一（平成7）『密閉山脈』角川書店角川文庫
冯朝阳　王晓民译（1987）《迷人的山顶》中国文联出版公司
村上春樹（1990）「1973年のピンボール」（（1990）『村上春樹全作品1979 〜 1989 ①風の歌を聴け』所収）
林少华译（2008）《1973年的弹子球》上海译文出版社

第3章

受身表現（中）について
—日本語との対照から見た考察—

キーワード：受身表現　非受身表現　主客転換（日→中）　モーダル　非モーダル

1　先行研究・関連研究について

　日本語の受身は直接受身と間接受身に分かれる。直接受身は、能動文における他動詞の直接目的語または間接目的語を主語にするものである。（ex. 私は先生に怒られた。／私は人からプレゼントをされたことがない。）間接受身は間接的に影響（ふつうは主語から見て悪影響）を被るものを主語に立てる表現であり、通常、主語は人間である。（ex. 私は電車の中で知らない人に足を踏まれた。）さらに日本語の受身には「迷惑（被害）の受身」（ex. 雨に降られる。／子供に泣かれる。）と呼ばれる自動詞が受身になるものがある。

　中国語の受身については既に次のような基本的、示唆的な考え、説明がある。""被"字句主要用来表示一个受事者受到某种动作行为的影响而有所改变。其中最常见的是用于对受事者或说话者来说是不愉快、受损害的或失去了什么的情况"[1]。"被"字句は主として、「動作の受け手」や「話し手」にとって「不愉快」や「損害を受けたり何かを失う状況」によく用いられる。

　"我们认为，如果把汉语被动句所表达的"被动"这一概念理解为"以受事为视角（perspective）叙述意外事件的发生"（以下记为［意外事件］），就可以对汉语被动句的形式和意义之间错综复杂的对应关系作出较为合理的解释"[2]。"被动"とは"受事"を"视角"とした"意外事件"の叙述であると理解できる。

　"汉语被动句使用得不如常见外国语多，这是为什么？"[3]。中国語の受身文は他の外国語より使用頻度が低いのはなぜだろうか。"And the stricter constraint on passivizability in Chinese than that in English accounts for the fact that **the prototypical passives in Chinese occur much less frequently than in English.**"(4)。中国語の受身文が他の外国語より使用頻度が低い理由は中国語受身文の厳しい制約に求められる。

"不能用作"被"字句谓语的动词比"把"字句要少些，主要有"是"、"有"、"在"、"当"、"像"、"属于"、"得"、"起"、"接近"、"离开"、"依靠"、"产生。"(5)"以下的动词在我们的中介语语料库中显示,并不适用于被字句：敬重、写、上当、做、射、破坏、破灭、揭露、整容、创造、灭亡、跨过、洗、改变、沦陷、受害、考取"(6)。"被"字句に使えない述語の動詞は"把"字句のそれより少なく、"是"、"有"、"在"などがある。日本語の受身は中国語の受身表現より範囲が広い。しかし、中国語の受身表現も"受事者"や"说话者"にとって"不愉快、受损害"を表すのに用いられるだけでもない。日本語と中国語で受身表現はどのように対応し、またどのように対応しないのか。まず、その**形の面での対応、不対応**について基礎的な調査、考察を行ってみたい。本章では日本語受身表現→中国語表現の方向で考えて、今回は三冊の現代日本文学作品（いずれも流行作家の作品ないしはベストセラーとなった作品、三種を選定した。それだけ用例は他の作品より一般性、客観性が高いと考えられる。）とその中国語訳を資料として、考察してみることにする。今後は新聞の記事や評論文など異なったジャンルのものについても資料として調査し、考察する必要があるであろう。次に２　受身（日）が受身（中）になる場合と非受身（中）になる場合について、2-Ⅰ　受身（日）が受身（中）になる場合（320）（（　）内の数字は用例数を表す。以下、同じ。）と　2-Ⅱ　受身（日）が非受身（中）になる場合（647）に分けて考察する。（Ⅲ．非受身（日）が受身（中）になる場合Ⅳ．その他　については、紙幅の関係もあり、今回は考察対象としない。）

第3章 受身表現（中）について―日本語との対照から見た考察― 59

2 受身（日）が受身（中）になる場合と非受身（中）になる場合

2－I 受身（日）が受身（中）になる場合（320。用例数を表す。以下、同じ。）

I	順位	中国語表現		『変』	『ホ』	『鹿』	計	％
受身（日）↓受身（中）	1	"被"字句	非"我被"型	52	13	97	162	50.6
	2		"我被"型	59	35	23	117	36.6
	3	意味上受身文		6	2	5	13	4
	4	"挨"		8	2	1	11	3.4
	5	"遭"		5	2	1	8	2.5
	6	"受"		1	1	3	5	1.6
	7	"让"		3	1	0	4	1.3
計				134	56	130	320	100

以下のものに分かれる。（多い順に述べる。）

○"被"字句になる場合（279）

2－I．1 非"我被"型（162）

「部屋の七割がコンピューターと周辺機器で占められ、～」『変』p.47（=『変身』）→"房子里七成的空間被电脑和相关机器占据，～"《变》（=《变身》）p.26（書名のp.の後の数字は頁数を表す。以下同じ。），「インタビューと呼ばれるテスト」（『変』p.168）→"被称为"采访"的测试"（《变》p.99），「洗った服が風で飛ばされる心配もなく、～」（『ホ』p.57（=『ホームレス中学生』））→"不用担心洗完的衣服会被风吹走，～"《无家》（=《无家可归的中学生》）p.57），「許された一膳のお米を食べる」（『ホ』p.143）→"～，吃一碗被允许吃的米饭。"《无家》p.147），「何でも遅刻を三度すると、学年主任に呼び出され、校則をレポート用紙に書き写すことを命ぜられるらしい」（『鹿』（=『鹿男』）p.21）→"好像是迟到三次，就会被学年主任叫去，被罚在稿纸上抄写校规。"
《鹿》（=《鹿男》）p.17）。日本語の主語が「私」でなく、それに対応して中国語も主語が非"我被"型になっているものである。日本語の受身と中国語の受身は対応している。

2−Ⅰ.2 "我被"型 (117)

「彼女に連れられて〜」(『変』p.89) → "我被她领到〜"(《変》p.51),「急に何か質問されても、〜」『変』23 → "突然被问到什么,〜"(《変》p.12)(翻訳調が市民権を得た例),「校内アナウンスで、僕だけ職員室に呼ばれた。」(『ホ』p.80) → "只有我一个人被学校广播叫到教师办公室。"(《无家》p.83),「リチャードが教頭になったから、席が一つ空いて、僕が歴史の教師として雇われたわけです」(『鹿』p.77) → "后来他升上了副校长，空出了一个位子，我才被聘请来当历史老师。"(《鹿》p.67)。日本語の主語が「私」で、それに対応して中国語も主語が"我被"型になっているものである。非"我被"型が"我被"型より40％近く多いのは、あくまで今回、調べた結果である。今後、事例研究として他のジャンルの翻訳を多く調べることによって、より客観性の高い結果が得られるであろう。「質問される」→"被问到"などは20年以上前に台湾の直訳調の訳本(遠藤周作の作品の中国語訳)で見かけたものが、今では大陸の訳本でも普通に見受けるようになった例である。2−Ⅱ−1「主客転換(しゅかく)」になる場合　で後述するように"问"、"问到"となる場合もみられる。本来は「主客転換」の方が普通の表現である。その使い分けには日本語の「名詞のランキング」(後述)が大きく関係していると考えられる。

○ "被"字句にならない場合
2−Ⅰ.3　意味上の受身文(中)になる場合 (13)

「皿が引き上げられ、次々に料理が運ばれてきた。」(『変』p.270) → "空盘子被撤下，菜一道接着一道地送上来。"《変》(p.163),「すべての鍵はあの若者に握られていた。」『変』351 → "　所有的关键都捏在他手上。"《変》(p.214),「〜、そこにはいつだって警察が含まれているんだ。」『変』(p 356) → "〜，警察也总包括在其中。"《変》(p 217),「(頰を両方から挟まれ、口を開けざるをえなくなった。) 再びウイスキーが注ぎこまれる。(ウイスキーが空になると、今度はブランデーだ。)」(臨場感を出すために「注ぎ込まれる」と表現しているが、実際は「注ぎこまれた」と同じ意味の表現。歴史的現在〈historical present〉の用法。前後の表現を見ると理解できる。) (『変』p.365) → "威士忌又灌了上

来。"(《変》p.223),「枕元のファンタは直射日光に<u>晒されていた</u>。」(『ホ』p.14)
→"放在枕头边的芬达就<u>暴晒</u>在直射的阳光下。"(《无家》p.14),「その甘い考えはすぐに<u>払拭された</u>。」『ホ』16 →"这种天真的想法立刻就<u>破灭</u>了。"(《无家》p.16),「面の広いメガネの向こうから、冷たい怒りの視線が堀田に<u>注がれていた</u>。」(『鹿』p.31) →"冰冷的愤怒视线从他大镜片的眼镜底下，<u>投射</u>在掘田身上。"(《鹿》p.27),「サンカクは大会に優勝した学校に<u>授けられる</u>」(『鹿』p.166) →"三角<u>领</u>给夺得冠军的学校。"(《鹿》p.146)。「意味上の受身文」は「提題」とそれについての「叙述」の面から今後、考察していく必要があると思われる。

2－Ⅰ.4 "挨"になる場合（11）

「<u>正直いう</u>と<u>叱られる</u>のが怖いんです。」(『変』p.28) →"老实说也怕<u>挨训斥</u>。"(《変》p.15),「女の子を助けようとして、<u>撃たれた</u>わけだ。」(『変』p.108) →"～，是想去救小姑娘才<u>挨了枪</u>。"(《変》p.63),「それとも一方的に<u>殴られたのだろうか</u>。～」(『変』p.112) →"或者光是<u>挨了打</u>？"(《変》p.66)。

2－Ⅰ.5 "遭"になる場合（8）

「それをすれば、もっと<u>妙な目で見られる</u>に違いないのだ。」(『変』p.18) →"～,那肯定更要<u>遭白眼</u>。"(《変》p.9),「<u>銃で撃たれる前の脳</u>」(『変』p.99) →"<u>遭枪击</u>前的脑"(《変》58)。

2－Ⅰ.6 "受"になる場合（5）

「～、すぐに<u>注目されて</u>」(『ホ』p.178) →"～，就会马上<u>受到瞩目</u>～"(《无家》p.187),「～、無意識の結果を<u>褒められた</u>ところでうれしくも何ともない」(『鹿』p.83) →"但无意识的动作<u>受到夸奖</u>,我并不觉得高兴。"(《鹿》p.73)。"挨""遭"と異なり"受"はプラス評価、マイナス評価両方に使用できるが、今回、調べた結果では現実にはそれほど多く使用されていない。

2－Ⅰ.7 "让"になる場合（4）

「このような内面を決して彼女に<u>気づかれてはならない</u>。」(『変』p.104)

→ "这样的内心活动决不能让她察觉。"《变》p.61)，「舐められたくない～」(『ホ』p.181) → "不想让人看扁的～"(《无家》p.191)。

"叫"の例が今回、調べた結果ではないのが、驚きであった。中国語の初級文法で"被""叫""让"をワンセットで機械的に教えるのは今後、再考する必要があると思われる。

2－Ⅰ.1 非"我被"型（162）は日本語の主語が「私」でなく、それに対応して中国語も主語が非"我被"型になっているものである。日本語の受身と中国語の受身は対応している（既述）。2－Ⅰ.2 "我被"型（117）も日本語の主語が「私」であるのに対応して、中国語も受身表現となっているものである。非"我被"型が"我被"型より40％近く多いのは、今回、調べた結果である。今後、事例研究として他のジャンルの翻訳を多く調べることによって、より客観性の高い結果が得られるであろう（既述）。基本的には日本語の受身表現の反映であろう。

2－Ⅱ 受身（日）が非受身（中）になる場合（647）

Ⅱ	順位	中国語表現	『変身』	『ホーム中』	『鹿男』	計	％
受身（日）↓非受身（中）	1	主客転換	40	48	89	177	27.4
	2	意訳	87	16	62	165	25.5
	3	～される(日)→～する(中)	57	10	50	117	18.1
	4	存在句型"－着"型	16	5	29	50	7.7
	5	その他	6	16	15	37	5.7
	6	不訳	12	6	17	35	5.4
	7	"把"字句	3	8	15	26	4
	8	"有"表現	3	2	5	10	1.6
	9	"挙行"	1	2	7	10	1.6
	10	状態補語	2	2	4	8	1.2
	11	存在句型 非"－着"型	1	2	4	7	1
	12	"进行"	4	0	1	5	0.8
計			232	117	298	647	100

2－Ⅱ.1 「主客転換」になる場合（177）

「瞬介は断られただけでなく、～」(『変』p.242) → "他不仅拒绝了瞬介,"（《変》

第３章　受身表現（中）について―日本語との対照から見た考察―　63

p.145）,「あたし、あなたに殺されたって構わない。」（『変』p.375）→ "你杀了我没关系，～"《変》p.229）,「じろじろ見られていることに気づいたらしく、～」（『変』157）→ "像是注意到我在盯着她，～"（《変》p.93）,「よく友達に羨ましがられた。」（『ホ』p.136）→ "朋友们很羨慕我。"（《无家》p.138）。以上は直接受身文（日）が中国語では「主客転換」（＝主語と客語が転換されること。）の表現となる例である（①）。

　「（さっき初めて会った時、普通の客じゃないとは思ったんだ。以前どこかで会ったような気がして仕方がなかった。）あの事件の時、刑事から写真を見せられたのかな」（『変』p.241）→ "也许是因为拿起事件发生时，警察给我看过你的照片。"（《変》p.145）,「その日、好きな子と同じ部活の女子から手紙を渡された。」（『ホ』p.105）→ "那一天，跟我喜欢的那个女孩同社团的一个女孩递给我一封信。"《无家》p.107）。以上は中国語において間接目的語の主語型受身文の回避が行われ能動文となった例である[7]（②）。

　「声を出す間もなく、僕は酒井に襟首を掴まれていた。」（『変』p.110）→ "话音刚落，酒井抓住了我的衣领。"（《変》p.64）,「ライターを持つ手をだれかに掴まれた。」（『変』187）→ "有人抓住了我拿打火机的手。"（《変》p.111）,「～、こいつ口ごたえする気かといって頬を叩かれた。」（『変』p.170）→ "他打我的脸，说，你还敢还嘴，～"（《変》p.101）。以上は間接受身文（日）が中国語では「主客転換」した表現となる例である（③）。

　「人並みに上司に腹をたてることはあっても、それを態度に表すだけの勇気がないのだ。（中略）だから、「お利口さん」などと呼ばれてしまう。」（『変』p.70）→ "我有时随大溜生上司的气，却没有勇气表明态度。（中略）所以大家叫我"老实蛋"。"（《変》p.40）,「～そのチームのファンになれといわれた。」（『変』p.170）→ "他说，～,你就去当那个队的球迷。"《変》101,「～と尋ねられたので、～」（『変』p.190）→ "讯问时警察问我有没有保证人之类的，"（《変》p.112）,「ようすを聞きたいので、時々会ってほしいといわれる。」（『変』p.363）→ "他说想问问情况，希望能跟我常见面，～"（《変》p.221）。『ホ』は「主客転換」の48例中、「～と言われた」→ "说"、"说出"、"交代"、"叫道"（合計12例）や「～と聞かれた」→ "问"（2例）、"问到"（1例）、（合計3）、「どこでどうしている

のか／〜を／どうするのか／聞かれる」→"问"、"问过"、"问到"（合計3例）が比較的多い。特に「〜と言われた」→"说"、"说出"、"交代"、"叫道"等の「主客転換」が多いのは特筆すべきであろう。「〜当分は大丈夫だろうと言われた。」（『ホ』p.90）→ "院方说，应该暂时没问题了。"（《无家》p.92），「「さすってあげたり、話し掛けたりしてください」と言われ、みんなで替わる替わるそうした。」（『ホ』p.89）→ ""请摸摸她，或者跟她说说话。"白衣人这样交代后，大家就轮流这么做。"（《无家》p.92），「何の音かなと振り返ると、お巡りさんが立っていて、「そこの毛布の自転車止まりなさい」と言われた。」」（『ホ』p.165）→ "不清楚是什么声音，回头一看，看到一位警察先生，他叫道："那辆披毛毯的自行车快停下来。""（《无家》p.175）などがその具体例である。"问""问到"の例には次のようなものがあった。「〜と食の神様に聞かれたら〜」（『ホ』p.24）→ "如果神明在我死前问〜"（《无家》p.21），「面談が始まり、先生にどうするか聞かれて、僕は就職する意思を伝えた。」（『ホ』p.118）→ "面谈开始，老师问到我打算怎么办，我表达了要就业的想法。"（《无家》p.120），「どこでどうしているのか聞かれ、〜」（『ホ』p.20）→ "哥哥问我在哪里怎么过日子，〜"（《无家》p.17）。以上は「〜と言われた」「〜と聞かれた」が「主客転換」になる場合である（④）。

「警察なんかに来られたら迷惑だわ。」『変』p.352）→ "警察来了多讨厌，〜"（《変》p.214，「本当に来られると〜」（『ホ』p.20）→ "万一哥哥真的来的话〜"（《无家》p.17）。日本語の自動詞「来る」の受身表現（迷惑の受身）の例である（⑤）。

2-Ⅱ.2 「意訳」になる場合（165）

○密（日）→粗（中）：複雑な表現（日）をより単純な表現（中）にする場合：「水は冷たくも温かくもなく、適度な温度に保たれている。」（『変』p.9）→ "水不冷不热，温度适中。"（《変》p.4），○粗（日）→密（中）：単純な表現（日）をより複雑な表現（中）にする場合：「恵まれた体躯の主将の場合、〜」『鹿』p.236）→ "身高占优势的主将，〜"（《鹿》p.211）。○成句・成語・慣用句（中）にする場合：「じわじわと網（あみ）が狭（せば）められ、追いつめられていった。」『変』p.78）

第３章　受身表現（中）について―日本語との対照から見た考察―　65

→ "网越缩越小，逼得他走投无路。"（《变》p.45），○説明的表現（中）にする場合：「彼に促されて隣の部屋に入ると～」（『変』p.162）→ "我照他说的走进隔壁房间，～"（《变》p.96），「僕は里親に出されずに済んだ。」（『ホ』p.70）→ "我终于不必给人领养了。"（《无家》p.71）。○語順を変える場合：「彼らには時間があまり残されていないのだよ。」『変』p.259）→ "他们剩下的时间不多了。"（《变》p.156），○定型表現（中）にする場合：「そういわれれば～」（『変』p.115）→ "听他这么说，～"（《变》p.68），「ストレスもアトピーの原因の一つだと病院の先生に聞かされてからは～」（『ホ』p.78）→ "自从从医生那里听说压力也是引发异位性皮肤炎的重要因素之后，～"《无家》p.80）。以上が意訳（日→中）になる場合　の下位分類がある。1 「主客転換」になる場合(177) に次いで、2 「意訳」になる場合（165）と数は多い。日本語表現と中国語表現の「密」と「粗」の相違、成句・成語・慣用句、説明的表現、定型表現（中）の使用、語順の変更（中）などが日本語の受身表現に対応している。全体の 25.5% である。

２－Ⅱ．3 「～される（された）」（日）→「～する（した）［その中国語を日本語にした場合］」（中）になる場合（117）

「あなたに施された手術は画期的なもので～」（p.『変』24）→ "给你做的手术可以说是划时代的，～"（《变》p.13），「新聞記事を見てわかったと思うが、君の名前も公表はされていない。」（『変』p.59）→ "看看报上的报道就知道，现在连你的姓名也没公开，～"（《变》p.33），「白い建物は巨大な生き物のようで、僕はそこから生みだされた卵の気分だった。」（『変』p.93）→ "白色建筑像个巨大的生物,我觉得自己像那儿产出的蛋。"（《变》p.53），「野晒しにされた家具達」（『ホ』p.5）→ "暴露在外的～各式家具"（《无家》p.2）（「意味上の受身文」との相違が問題になる。）、「お母さんが毎晩、うなされて～」（『ホ』p.85）→ "妈妈每天晚上都在呻吟，～"（《无家》p.88），「三年生になりクラス替えが行われ、～」（『ホ』p.111）→ "升上三年级后重新分班，～"（《无家》p.113），「鉛筆で書かれた手書きの綺麗な文字」（『ホ』p.130）→ "以铅笔手写的娟秀字眼"（《无家》p.131）。これらの日本語の受身表現には話者、聞き手中心の感情移入に効

果的なモーダルなものが感じられるが、中国語表現は客観的で中立的な表現となっている。それが日中両表現の相違として現れている。

2－Ⅱ．4　存在句型（中）"－着"型になる場合（50）

「その手には黒い塊が握られていた。」（『変』p.19）→ "手里握着个黑色家伙。"（《変》p.10），「彼はカウンターの上に置かれたファイルをちらりと見た。」『変』(p. 19) → "他瞥了一眼柜台上放着的文件夹，～"（《変》p.10），「壁に沿って、薬品棚やキャビネットが置かれていた。」（『変』p.45）→ "沿墙放着药品架和橱柜。"（《変》p. 25），「～、残り三割のスペースに机と棚が置かれていた。」（『変』p.47）→ "～，剩下三成摆着书桌子和架子。"（《変》p.26），「ところで新聞には医師団と書かれていましたね。～？」（『変』p.61）→ "对了，报上写着医生团队，～？"（《変》p.34），「名刺には嵯峨道彦と印刷されていた。」（『変』p.90）→ "名片上印着"嵯峨道彦"，"（《変》p. 52），「そこには何十本という横線がひかれていた。」（『変』p.165）→ "～，上面画着几十条横线，"（《変》p.98），「そして今朝その短い生涯を閉じるまで、たしかに彼の表情には幸福感がたたえられているようであった。」（『変』p.380）→ "他的表情的确像是洋溢着幸福，直到今天早上结束了短暂的生命。"（《変》p.233），「「差し押さえ」と書かれた異常に存在感のある黄色いテープがクロス状に張られていて、もう家には入れなくなっていた。」（『ホ』p.5）→ "～，门上面交叉贴着印有"查封"字样的、存在感异常强烈的黄色胶带———我们已经不能进入家里了。"（《无家》p.3），「～、お母さんの横にはそれまで無かった心電図を表す機械が設置されていた。」（『ホ』p 89）→ "妈妈的身旁放着一台以往从没见过的仪器，上面可以显示心电图。"（《无家》p. 91），「なんとなく大通りを走り、道路の標識を見て「兵庫」と書かれたほうを目指して走った。」（『ホ』p.163）→ "不知不觉骑到大马路上。看了道路标识后，我朝写着"兵库"的方向骑去。"（《无家》p.172）。

"放着""摆着""写着""印着""画着""贴着" などは日本語の受身に対応する表現としてよく見受ける中国語表現であるが、日本語の「～られている」「～られてある」という表現と"－着"型中国語表現が対応することもある[8]。

２－Ⅱ．５　その他 （37）

「それでも結局キーを渡したのは、俺の体内から発する異常性に<u>圧倒された</u>からかもしれない。」（『変』p.332）→ "但还是把钥匙给了我，大概是<u>迫于</u>我体内散发的异常压力。"（《变》p.202）,「そんな厳しい環境に<u>追い込まれ</u>、お父さんは戦っていた。」（『ホ』p.97）→ "<u>在那样严苛的环境逼迫下</u>,爸爸孤军奋战。"（《无家》p.99）,「～光学式のカメラでは隠せているものが、一度デジタルに<u>分解されたあと</u>の画像には映ってしまう」（『鹿』p.3 13）→ "被光学式相机隐藏的东西，会呈现在<u>经过数字分解的</u>画面上。"（《鹿》p.279）。"迫于"や"在～逼迫下"といった表現は中国語で普通に用いられる表現であるが、中文日訳の際に「迫られて」と直訳しておけば済む表現ではない。日本語から中国語表現を見た際に、意訳（日→中）と言うには言い過ぎである。"经过～"も同様のことが言える。これらは他のカテゴリーには含まれるとは思われないので、**その他**に分類した。（強いて５．その他を設けないと言うのであれば２．意訳に含めるのが妥当である。）

２－Ⅱ．６　「不訳」になる場合 （35）

「だが俺はこの家から非常に強いエネルギー<u>が発せられている</u>ことに気づいていた。」（『変』p.241）→ "在这栋房子里，我感觉到一股强大的能量。"（《变》p.145）,「同時に彼女から<u>送られてきた</u>信号が、頭の奥深くに侵入していくようだった。」（『変』p.250）→ "同时，她身上的信号似乎也在源源不断地浸入我的头脑最深处。"（《变》p.150）,「四位<u>で託された</u>たすきを受け取り、僕は走りだした。」（『ホ』p.108）→ "我接下第四棒手中的接力棒后发足狂奔。"（《无家》p.110）。いずれも動詞が省略されているものである。「不訳」とは文字通り、「訳さない」ことを指すが、原文の日本語箇所を「訳さない」中国語にしたほうが中国語として「冗長性」が感じられず、そのほうが「適切な」中国語と訳者が思ったために行われた操作であろう。逆に「私はテニスが好きです。」のように日本語表現のほうが「不訳」になる場合もあるから、今後、日本語→中国語、中国語→日本語両方向で表現の「不訳」について調べ、考察する必要があるであろう。

2－Ⅱ.7 "把"字句になる場合（26）

「別の部屋に連れて行かれると、～。」(『変』p.129）→"她把我带到另一个房间，～。"（《変》p.76），「先程の家に戻ると、中へ案内された。」(『変』p.240)→"回到我刚才去过的房子，她把我引进屋。"（《変》p.144），「昨日、別の研究グループに移らされたわ。」(『変』p.267)→"昨天他们把我转到了别的研究小组，～。"（《変》p.161），「～、更衣室みたいな所に連れて行かれた。」(『ホ』p.13)→"她把我带到一个像是更衣室的地方，～。"（《无家》p.11），「その喧嘩相手の友達はなんで呼び出されへんねんと～」(『ホ』p.80)→"为什么～，却没有把跟我打架的朋友也一起叫去？"（《无家》p.84），「喧嘩をするたびにお母さんは泣かされていた。」(『ホ』p.87)→"每次打架，爸爸都会把妈妈惹哭。"（《无家》p.89），「～腕を捲られて～（注射痕が無いか確認された）」(『ホ』p.166)→"（警察）～，还把我的袖子卷起来（确认手上有没有注射痕迹）。"（《无家》p.175）。「連れて行かれる」は"带到"などを使って"把"字句になるし、受身文にもなる。拙著（2007）では主格転換と"被"字句との使い分けについて"问"や"跟到"をめぐって考察した[9]が「被害・不本意」の意味を表すかどうかではなく「名詞のランキング」の面から考察すると日本語では3種の名詞はランキングを作っている（一人称代名詞＞人間名詞＞無生物名詞[10]）。このことは日本語が受身文となり、（日本語と違い、そうした制約のない）中国語が"把"字句になるひとつの根拠となるであろう。

2－Ⅱ.8 "有"表現になる場合（10）

「～。そして無論女性的魅力にも恵まれていると思う。」(『変』p.157）→"当然，她很有女性魅力———。"（《変》p.93），「俺はこの女を抱きしめたい衝動に駆られた。」(『変』p.251→"我有一种想拥抱她的冲动，～。"（《変》p.151），「ドアを開けてしまいたい衝動にかられる。」(『変』→p.301)"～，有一种想拉开门一探究竟的冲动。"（《変》p.183），「かなりの距離を走り疲れていたので、ご飯を食べ終えるとすぐに眠気に襲われた。」(『ホ』p.164）→"由于骑了相当长的距离，已经疲惫不堪，一吃晚饭，马上就有浓浓的睡意袭来。"（《无家》p.174）。2. 意訳や5. その他に含めるには、数が10例とまとまってある。それで8."有"

表現になる場合を設けた。受身表現（日）が"有"表現になる場合については今後、詳しく研究していく必要がある。

２－Ⅱ．９　"挙行"になる場合（10）

「先週、病院の事務本館で共同記者会見が行われた。」（『変』p.83）→"上周在医院的会议室举行了记者招待会，～。"（《变》p.47）。定型化としてもよい、よく見受ける型である。日本語の受身文が中国語の"存在句型"になる場合には中国語の"放""写""印""掛"などがある。"召开""发现""举行"なども日本語の受身文に対応して使用される(11)。

２－Ⅱ．10　状態補語になる場合（8）

「身体を起こそうとした。ところが全身が鉛を埋めこまれたように重い。」（『変』p.14）→"我想起身，全身重得像灌了铅。"（《变》p.7）。「もしまたきたらやばいので、先程まで散々投げられた石を拾って確保しておいた。」（『ホ』p.35）→"万一他们又折返就糟了，所以我将刚刚仍得散落一地的石头捡起来保管。"（《无家》p.33），「～、それらの条件が重なり追い込まれていく。」（『ホ』p.141）→"这一条条逼得我无路可退。"（《无家》p.145），「堀田は困ったような笑みを浮かべ、叩かれるに任せ身を揺らしている。」（『鹿』p.215）→"堀田露出困惑的笑容，任凭身体被拍得摇来摇去。"（《鹿》p.192）。この場合、日本語と中国語では表現の順序が反対で、日本語では基本的に連用修飾語で「どのように」であるかを述べてから述語を述べるが、中国語の場合は述語を述べてから、その状態を補語として述べるという表現形式になっている。

２－Ⅱ．11　存在句型（中）非"－着"型になる場合（7）

「「移植…僕の頭に誰かの脳が移植されたのですか。」僕は両手で頭を抱えた。」（『変』p.51）→"移植…我的脑袋里移植了谁的脑吗？"（《变》p.29），「～、「差し押さえ」と書かれた異常に存在感のある黄色いテープがクロス状に張られていて、もう家には入れなくなっていた。」（『ホ』p.5）→"～，门上面交叉贴着印有"查封"字样的存在感异常强烈的黄色胶带───我们已经不能进入家里

了。"（《无家》p.3），「まきふん公園は結構大きな公園だったけど、トイレは設置されていなかった。」（『ホ』p.38）→"虽然螺旋大便公园是座相当大的公园，可是却没有设置厕所。"（《无家》p.36）。受身表現（日）が"一着"型にならない非"一着"型の場合である。

2－Ⅱ.12 "进行"になる場合 (5)

「インタビューと呼ばれるテストは、別室で行われることになった。」（『変』p.168）→"被称为"采访"的测试在别的房间进行，～。"（《変》p.99）。定型化としてもよい例である。9."举行"になる場合と同類の例であろう。

3 結語

　以上、受身表現（日）がどのような中国語表現と対応するかを分類し、具体的に考察してきた。2－Ⅰ　受身（日）が受身（中）になる場合では（今回の事例調査、事例研究では）"被"字句が90％近くを占め、圧倒的に多く使用されることが判明した。「意味上の受身文」については2－Ⅱ　受身（日）が非受身（中）になる場合の3「～される（された）」（日）→「～する（した）[その中国語を日本語にした場合]」（中）になる場合との相違が不明瞭な場合があることが注意を引く。2－Ⅱ　受身（日）が非受身（中）になる場合については1「主客転換（しゅかく）」になる場合、①直接受身文（日）が中国語では「主客転換」になる場合や②中国語が間接目的語の主語型受身文の回避を行い「主客転換」になる場合③間接受身文（日）が「主客転換」になる場合④「～と言われた」「～と聞かれた」が「主客転換」になる場合⑤日本語の自動詞の受身表現（迷惑の受身）が「主客転換」になる場合—などに分類されることが判明した。3「～される（された）」（日）→「～する（した）[その中国語を日本語にした場合]」（中）になる場合については、日本語の受身表現には話者、聞き手中心の感情移入に効果的なモーダルなものが感じられるが、中国語表現は客観的で中立的な表現となっていることに注意する必要がある。広い意味での日本語のモーダルな表現とそれに対応する非モーダルな中国語表現は両言語表現の本質的な相違に関係しているように思われる。今後の研究の深化が望まれる。6「不訳」にな

る場合、8 "有"表現になる場合も更に用例を集めて事例研究を行い、考察する必要を感じる。

　<u>全体としては本考察の結果、</u>（三冊の現代日本文学作品〈いずれも流行作家の作品ないしはベストセラーとなった作品〉）とその中国語訳を調べた結果としては）<u>日本語受身文が中国語受身文になるパーセンテージは 320 例 /967 例 =33.1%</u> であること、換言すれば日本語受身文が中国語受身文にならないパーセンテージは 647 例 /967 例 =66.9% であることが判明した。教育的側面から言えば、今後の日本語教育、中国語教育はこの点に留意して、よりきめ細かい教育を行う必要がある。具体的には、中国語母語日本語学習者は間接目的語の主語型受身文の回避を行いやすいこと、「〜と言われた」「〜と聞かれた」という日本語表現が産出しにくいことに留意して日本語教育を行う必要であり、日本語母語中国語学習者は"被"字句を多用しがちなことが予想されるので、適宜、「主客転換」の場合の分類とその例などを提示し、中国語教育を行うこと等が必要とされる。

　［付記］本章は日中対照言語学会 第 26 回大会（2011 年度冬季大会 2011 年 12 月 18 日（日）於大阪）で「受身表現について―日本語との対照から見た考察―」の題で口頭発表したものをもとにしている。

〔注〕
（1）劉月華等（2001）p.754
（2）杉村（2006）pp.284-285
（3）馬慶株（2006）p.230
（4）王志軍（2004）p.170
（5）劉月華等（2001）p.760
（6）邓守信（2006）pp.86-87
（7）張麟声（2001）pp.131-135
（8）拙著（2007）pp.62-63
（9）拙著（2007）pp.57-61。また、pp.79-80,p.100 も参照のこと。
（10）張麟声（2001）p.123
（11）拙著（2007）pp.61-64,p.80

〔引用文献・参考文献〕
刘月华等（2001）《实用现代汉语语法》商务印书馆
杉村博文（2006）《汉语的被动概念》，邢福义主编（2006）《汉语被动表述问题研究新拓展》华中师范大学出版社
马庆株（2006）《主客态度与汉语的被动表述》，邢福义主编（2006）《汉语被动表述问题研究新拓展》华中师范大学出版社
王志军（2004）《英汉被动句认知对比研究》上海外语教育出版社
邓守信（2006）《从第二语言习得看被动句》，邢福义主编（2006）《汉语被动表述问题研究新拓展》华中师范大学出版社
張麟声（2001）『日本語教育のための誤用分析―中国語話者の母語干渉20例―』スリーエーネットワーク
藤田昌志（2007）『日中対照表現論―付：中国語を母語とする日本語学習種の誤用について―』白帝社

【用例採取書目】
東野圭吾（1998）『変身』（=『変』）　講談社　講談社文庫
赵峻译（2009）《变身》(=《变》)　南海出版公司
田村裕（2007）『ホームレス中学生』（=『ホ』）　ワニブックス
吴季伦译（2009）《无家可归的中学生》(=《无家》)　上海译文出版社
万城目学（2007）『鹿男あをによし』（=『鹿』）　幻冬社
涂愫艺译（2009）《鹿男》(=《鹿》)　世纪出版集団　上海人民出版社

第4章

とりたて詞と中国語表現

キーワード:モダリティー　明示化　非明示化=減訳(日→中)

1 序

　本章ではモダリティー(話者の心的態度)が高度に文法化、明示化された「とりたて詞」(日)が中国語でどのように表現されるか、また表現されないか(=非明示化。減訳(日→中))について、主として「形」の面から、考察した結果を述べる。具体的には三種の日本現代小説(村上春樹(2004)『ノルウェイの森(上)(下)』、東野圭吾(2001)『悪意』、田村裕(2007)『ホームレス中学生』)とその中国語訳を資料として、とりたて詞と対応中国語表現((減訳(日→中)を含む)の関係を調べて考察した。とりたて詞の意味分類は主として寺村(1991)(pp.77-79,p.81,p.82,pp.83-91,)によった。

2 先行研究について

　拙著(2007)『日中対照表現論』でもとりたて詞と中国語表現について言及した[1]。もっとも、とりたて詞の使用頻度や中国語の対応、不対応の表現関係のより緻密な分析、考察は行っていない。今回、そのこともあり、具体的な資料に基づいて考察を行うことにした。
　日本語のとりたて詞研究については代表的なものに沼田善子(1992)、同(2009)がある。最近のものでは次のものが注意を引く。野田尚史(2012)「日本語ではとりたての意味をとりたて形式で明示するのに対して、英語ではとりたて形式で明示せず、コンテクストから推論させる場合がかなり見られる」[2]。「「高コンテクスト」の日本語、「低コンテクスト」の英語と一般にいわれるのとは反対であり、そのような分類は単純すぎることになる。今後、詳しく分析する必要がある。」[3]。井上優(2012)「モダリティに限らず中国語では「事

象の個別具体性」と「言語表現の具象性」が密接に結びついている」[(4)]。

3 とりたて詞（日）使用数量と対応表現（中）ランキング（総計441例）

以下は三種の日本現代小説とその中国語訳を資料として、とりたて詞と対応中国語表現（（減訳（日→中）を含む）の関係を調べて考察した結果を表にしたものである。

順位	とりたて詞	数量	対応表現（中）ランキング（ex.①は一位を表す。（）内は数量。）	備考（意味等）
1	も	80	意味分類による順位。①多さの強調（26）②予想基準外の多量＋スル（20）③全く（一度も）～ない（13）④誰も（何も）～ない（11）etc…。対応表現（中）（形式）は別表参照。	別表参照（意外）
2	なんて	75（17%）	①減訳（日→中）（以下、「減訳」と略す。）（40）②"什么"（11）③"根本"（8）④"这""那"（6）（"这"（4）"那"（2）⑤その他（5）（"竟然"（3）"居然"（1）"之类"（1））⑤"至于"（3）⑦意訳（2）	（ア）否定的特立・擬似的例示
3	だけ	66	①"只"（"只有""只要"）（42）②減訳（16）③その他（12）（"光"（6）"至少"（2）"如此而已"（1）"仅"（1）"就是"（1）"完全"（1））④意訳（6）⑤"唯""惟"（4）（各2）	（限定）
4	なんか	62（14%）	①減訳（33）②"什么"（8）②"根本"（8）④意訳（5）⑤その他（4）（"甚至""不至于""连""才"（各1）⑥"这"（2）⑥"竟然"（2）	（ア）否定的特立・擬似的例示
5	しかーない	38	①"只"（"只有""只是""只好""只能"）（24）②意訳（5）③"才"（4）④その他（3）（"仅""而已""惟"（各1）⑤減訳（2）	（限定）
6	さえ	25	①"只要"（8）②"连"（7）③"甚至"（5）④意訳（3）⑤"竟"（1）⑥減訳（1）	（意外・最低条件）
7	まで	20	①"连"（7）②減訳（5）③"这-"（3）（"这样"（2）"这么"（1））③その他（2）（"都""到"（各1））⑤"甚至"（2）⑥意訳（1）	（意外）

7	ばかり	20	①その他（5）("老"(2)"清一色的"(1)"只"(1)"浄"(1)) ②"総"(4) ②"(完)全"(4) ④"光"(2) ④"一直"(2) ④"只"(1)) ⑦"尽"(1)	（限定）
9	など	17 (3.9%)	①減訳（11）②その他（5）（"竟然""全""絶対""什么""根本"（各1））③意訳（1）	（ア）否定的特立・擬似的例示
10	ぐらい	12 (2.7%)	①減訳（9）②意訳（3）	（最低限）
10	こそ	12	①"才"(6) ②"就"("就是")(3) ③減訳(2) ④意訳(1)	（特立）
12	でも	8 (1.8%)	①減訳（7）②"什么"(1)	（選択的例示）
13	すら	6	①"連"(4) ②"甚至"(2)	（意外）

今回調べた結果では、とりたて詞のうち、一番多く使用されていたのは「も」であった。80／441例で、全体の18.1%が「も」であった。（詳しくは4 も 使用数量ランキングを参照のこと。）（ア）否定的特立・擬似的例示（＝柔らげ）。擬似的例示（＝柔らげ）（ex.「最近の旅行は東南アジアなんか結構人気がある。」）については"什么"などが対応することが予測され、事実そうである（上表参照）。否定的特立と擬似的例示（＝柔らげ）ははっきり分けられないことも多い（同）。（ex.「犯人は自分は事件に関係していないなどと言っています。」（「ニュース」でよく使用される言い方））。**今回は表現の数量面の対応を中心にして調べた。／減訳（日→中）が上位に来るものに対応するとりたて詞は中国語話者日本語学習者が日本語学習上、学習が困難なとりたて詞であることが上の表からわかる。「なんて」「なんか」「など」「ぐらい」「でも」等がそれである。** 今回、調べた結果では「なんて」が一番、多く使用されていた。今後、更に多くの資料（小説以外の客観的文章を含む）を調べていく必要がある。

4 [も] 使用数量ランキング

ランキング	数量 80個	意味	形式／ex.	下位分類	『ノル』上	『ノル』下	『悪意』	『ホームレス』	計	総計 80個	備考
①	26	多さの強調	X[疑問数量]モ+P[肯定] ex.何人も客が来た。	㋐直訳	2		3		13	26	
				㋑好几~		1	1	13	5		
				㋒意訳		2		2	4		
				㋓几~	2				4		
②	20	予想基準外の多量+スル	X[数量一般]モ+P[肯定] ex.150万もあずける	㋐減訳	8	3	1	1	13	20	
				㋑"之久"	1	2			3		
				㋒"竟然"	1		1		2		
				㋓"-多"		1	1		2		
③	13	全く~シナイ（一度も~シナイ）	少ない数量（分割不可能の1）モ+P[肯定] ex.一度も行ったことがない。	㋐直訳	3	2	5	1	11	13	
				㋑意訳		1	1		2		
④	11	誰も／何も~(シ)ナイ	X[疑問数量]モ+P[否定] ex.誰も来ない。	㋐直訳			2	3	5	11	
				㋑意訳			1	3	4		
				㋒"没有一个也~"	2				2		
⑤	3	（予想・基準外の）多量+~(シ)ナイ	X[数量一般]モ+P[否定] ex.1か月以上もテレビに出ない。	㋐"一连"	1				1	3	
				㋐"只有"	1				1		
				㋐"整整"	1				1		
⑤	3	「（何々シナイ／シナカッタ）ことの長さを強調する	X[疑問数量]モ+P[否定] ex.何年も彼に会わない。	㋐直訳	1	1			2	3	
				㋑減訳				1	1		
⑦	2	予想・基準以下しか~(シ)ナイ	X[数量一般]モ+P[否定] ex.10分もしないうちに~。	㋐直訳			1		1	2	
				㋑減訳				1	1		

第4章 とりたて詞と中国語表現

⑦	2	(最低限のレベルに達していない)	X［普通名詞］(低い価値) モ＋P［否定］ex. ひらがなもよく読めない。	⑦意訳 ⑦"根本"		1		1 1	1 1	2
⑨	0	(例外的現象)	X［普通名詞］モ(＝サエ)＋P［肯定］ex. 猿も木から落ちる。							0
⑩	0	(数量の少なさを否定的に述べる)	X［疑問数量］モ＋P［否定］ex. そんな風に考える人はいくらもいない。							0
		最後の三つの( )は藤田による記述								

①(26) 多さの強調 X［疑問数量］モ＋P［肯定］(ex. 何人も客が来た。)が今回の調査では最も多く、全体の26／80=32.5%、②(20) 予想基準外の多量＋スル X［数量一般］モ＋P［肯定］(ex.150万もあずける)は20／80=25%で、そのうち減訳(日→中)が13個で13/20=65%であるのは注意を引く。①は直訳が多い(13) =13/26=50%のに対して②の減訳(日→中)が13個で65%を占めるのは中国語話者日本語学習者の日本語学習上の困難点であることを示唆している。

5 とりたて詞 使用数量詳細(小説別使用数量詳細)(「も」は4を参照。)

ランキング	とりたて詞	下位分類	『ノル』		『悪意』	『ホームレス』	計	総計	備考
			上	下					
1	も							80個	詳細は別表参照。

2	なんて	①減訳 (40)	10	15	5	10	40	75	("这"(4) "那"(2) その他 (5) ("竟然"(3) "居然"(1) "之类"(1))
		②"什么"(11)	1	8	1	1	11		
		③"根本"(8)	2	1	3	2	8		
		④"这""那"(6)	2		2	2	6		
		⑤その他 (5)	1	2	2		5		
		⑤"至于"(3)	3				3		
		⑦意訳 (2)			2		2		
3	だけ	①"只／只有／只要"(28)	4	4	14	10	28	66	その他 (12) ("光"(6) "至少"(2) "如此而已"(1) "仅"(1) "就是"(1) "完全"(1))
		②減訳 (16)	2	2	5	7	16		
		③その他 (12)		2	6	4	12		
		④意訳 (6)	2	2	1	1	6		
		⑤"唯／惟"(4)	2			2	4		
4	なんか	①減訳 (33)	6	11	7	9	33	62	その他 (4) ("甚至""不至于""连""才"(各1))
		②"什么"(8)		5	2	1	8		
		②"根本"(8)			1	3	4	8	
		④意訳 (5)	2	1	2		5		
		⑤その他 (4)			1	3	4		
		⑥"这"(2)			1	1	2		
		⑥"竟然"(2)				2	2		
5	しかーない	①"只"("只有""只是""只好""只能")(24)	16		4	4	24	38	その他 (3) "仅""而已" "惟"(各1)
		②意訳 (5)	1		2	2	5		
		③"才"(4)	1		1	2	4		
		④その他 (3)	3				3		
		⑤減訳 (2)	1			1	2		
6	さえ	①"只要"(8)	2	3	2	1	8	25	
		②"连"(7)	4	1	1	1	7		
		③"甚至"(5)	2	1	2		5		
		④意訳 (3)			2	1	3		
		⑤"竟"(1)	1				1		
		⑤減訳 (1)	1				1		

#	語	訳し方						計	その他
7	まで	①"連"(7)	2		4	1	7		その他(2)
		②減訳(5)	2		2	1	5		("都""到"
		③"这-"(3)("这样"(2)"这么"(1))			1	2	3		(各1))
		③その他(2)		1		1	2	20	
		⑤"甚至"(2)			1	1	2		
		⑥意訳(1)			1		1		
7	ばかり	①その他(5)			2	3	5		その他(5)
		②"总"(4)	2			2	4		("老"(2)
		②"(完)全"(4)		1		3	4		"清一色的"
		④"光"(2)	1	1			2		(1)"只"(1)
		④"一直"(2)			2		2	20	"浄"(1))
		④"只"(1)				1	1		
		⑦"尽"(1)	1				1		
		⑦意訳(1)			1		1		
9	など	①減訳(11)			11		11		その他(5)
		②その他(5)			5		5	17	("竟然""全"
		③意訳(1)			1		1		"絶対""什
									么""根本"
									(各1))
10	ぐらい	①減訳(9)	2	2	2	3	9		
		②意訳(3)	1	2			3	12	
10	こそ	①"才"(6)	1		4	1	6		
		②"就"("就是")(3)			3		3		
		③減訳(2)			1	1	2	11	
		④意訳(1)	1				1		
12	でも	①減訳(7)	1	2	4		7		
		②"什么"(1)		1			1	8	
13	すら	①"連"(4)		1	1	2	4		
		②"甚至"(2)		2			2	6	

2.「なんて」(40/75,17%) 4.「なんか」(33/62,14%) 9.「など」(11/17,3.9%) 10.「ぐらい」(9/12,2.7%) 12.「でも」(7/8,1.8%)」等が減訳（日→中）される

のは注意を引く。中国語話者日本語学習者の日本語学習上の困難点であること
を示唆している。

6 とりたて詞と中国語表現－具体的【用例】を通しての考察－

以下、具体例を通して、とりたて詞と中国語表現の対応について考察していくことにする。（主要なものを中心とする。それ以外は省略。）

1 も (80)
1－①「多さの強調」(26 ：カッコ内の数字は用例数を表す。以下同じ。)
X ［疑量］モ＋P［肯定］ ex.何人も客が来た。 が最も多く、そのうち ㋐
直訳（11）が最も多い。ex.○「バルセロナでは橋がいくつも流されました。」
(『ノル』＝『ノルウェイの森』下 p.109)"巴塞那有好几座桥被冲跑了。"(《挪》
＝《挪威的森林》p.260) ○「僕は何百回もこの手紙を読み返した。」(『ノル』
上 p.93)→"这封信我读了几百遍。"《挪》p.57)。"好几""几"が対応している。

1－②「予想基準外の多量＋スル」(20) X［数量一般］モ＋P［肯定］
ex.150万もあずける が二番目に多く使用され、そのうちでは㋐減訳（＝減
訳（日→中））(13) が最も多かった。次のような例があった。○「八年もた
つと風景も違っているものですか？」(『ノル』下 p.261)→"相隔八年连风光
也变样了？"《挪》p.356) ㋑"之久"(3) ＝「～の長い間」と意訳的、説明的
にするものが3例あった。○「僕から見ればハツミさんがあの人と三年もつき
あっているというのが既に奇跡ですよ。」(『ノル』下 p.139)→"依我看，你和
他交往三年之久，已经是一种奇迹。"《挪》p.279) ㋒"竟然"(2) と副詞を
使用するものが2例あった。○「しかしこの時ばかりはその体質に感謝しなけ
ればなりませんでした。何しろその間に三度も初美さんが様子を見に来てくれ
たからです。」(『悪意』p.204)→"只有这一次，我必须感谢这种体质，因为我
在此期间初美竟然来看了我三次。"《悪意》p.150)。日本語話者中国語学習者
には中国語学習上の困難点となる"竟然"の使用である。

1－③「全く～しない」(13) 全く～シナイ（一度も～シナイ） 少ない数量
（分割不可能の1）モ＋P［肯定］ex.一度も行ったことがない。㋐直訳（11）

が最も多く、次のような例があった。○「二十球ほど投げて一球も入らなかったお父さんは「なんじゃこれ!」と怒りのままにボールを地面に投げ付けて帰っていった。」(『ホームレス』=『ホームレス中学生』p.76) → "大约投了二十球,一球也没投进的爸爸撂下一句"这算啥啊!",就怒气冲天地将球朝地面一扔。"(《无家》=《无家可归的中学生》p.150)。

2 なんて (75)

2－①減訳 (40) が最も多く、各三小説、均等に減訳 (日→中) されている。○「東京のことなんて何ひとつ知らなかったし、～」(『ノル』上 p.24) → "刚上大学,对东京还一无所知,～"(《挪》p.14)。○「私はやっぱり主人が他人の作品を盗んでいたなんて信じられません。」(『悪意』p.260) "我绝不相信外子会剽窃他人的作品,～。"(《悪意》p.190)。否定的特立と擬似的例示(=柔らげ)ははっきり分けられないことも多い(既述)が、日本語はすぐに間接性(和らげととれる)、否定的特立などの表現を忍び込ませたがるが、中国語はその点、そういうことがない好例であろう。

2－②"什么" (11)。『ノル』下が8例。その他の小説は各1例ずつの使用である。○「～、わざわざ手紙なんて書かなくていいですよ。」(『ホームレス』p.129) → "～,可是您不必特地写什么信给我啦!"(《无家》p.131)。

2－③"根本" (8)。各3小説、均等に使用されている。○「このへんに木なんてないよ。」(『ノル』下 p.161) → "这一带根本就没树。"(《挪》p.293)。日本語話者中国語学習者には難しい対応関係であろう。

2－④"这""那" (6)。各3小説、均等に使用されている。○「正直なところ、そのときの僕には風景なんてどうでもいいようなものだったのだ。」(『ノル』上 p.10) → "对那时的我来说,风景那玩意儿是无所谓的。"(《挪》p.5)。○「本心なんて人に話すものなのかどうかも、いまだにわからない。」(『ホームレス』p.128) → "直到现在,我都不知道像真心话这种东西到底该不该告诉别人。"(《无家》p.130)。指示代詞"这""那"の貶義性についてはかつて言及したことがある[5]。

2－⑤その他 (5)。"竟然"(3) ○「おまけに加賀先生が事件を担当して

いるなんてねえ。」(『悪意』p.143) → "而你加贺老师，<u>竟然</u>还是案件的侦办人，～。"(《悪意》p.106)。これも2-③"根本"と同じように、日本語話者中国語学習者には難しい対応関係であろう。日本語表現（の有無）と中国語の副詞の対応関係は今後、詳しく調べていく必要がある。

3 だけ (66)

3-①"只（只有、只是）"(42)。○「そういう意味じゃないんだ。日高が大変そうだから、だれかほかの人がいればと思った<u>だけ</u>だ。」(『悪意』p.196) → "我不是这个意思，<u>只是</u>觉得你很辛苦，若有其他人可以帮忙就好了。"(《悪意》p.145)。ありふれた対応関係である。

3-②減訳 (16)。○「声を小さくすること<u>だけ</u>は許さない。」(『ホームレス』p.102) → "～，让我无论如何都不允许自己的声音变小，～。"(《无家》p.105)。意訳（日→中）に近い。

3-③その他 (12)。"至少"(2) ○「ご飯<u>だけ</u>でも食べさせてもらおうと思って～」(『ホームレス』p.47) → "～，心想<u>至少</u>让他请顿饭，～"(《无家》p.48)。"至少"は習って、中国語を日本語に「少なくとも」と直訳できても、「だけ」を"至少"にするのは日本語話者中国語学習者には難しいであろう。

4 なんか (62)

4-①減訳 (33)。○「藤尾は初めっから、野々口<u>なんか</u>相手にしていなかった。」(『悪意』p.300) → "藤尾一开始就没把野野口放在眼里，～。"(《悪意》p.220)。中国語話者日本語学習者には難しい日本語のとりたて詞「なんか」であろう。

4-②"什么"(8)。○「動機<u>なんか</u>どうだっていい。」(『悪意』p.124) → "<u>什么</u>动机我都无所谓。"(《悪意》p.145)。

4-②"根本"(8)。○「中学生の僕は腕時計<u>なんか</u>は持っておらず、～」(『ホームレス』p.12) → "我一个初中生，<u>根本</u>就没有手表～。"(《无家》p.9)。

4-④意訳 (5)。○「あなたって本当に変わってるわね。冗談<u>なんか</u>言わないって顔して冗談言うんだもの。」(『ノル』上 p.146) → "你这人真有意思，<u>说笑话还那么一本正经</u>。"(《挪》p.93)。「冗談を言うのも真面目な顔をして言う。」

第4章　とりたて詞と中国語表現　83

という意味の中国語に意訳（日→中）している。

　4－⑤その他（4）。・"甚至"（1）○「僕が小学校の高学年ぐらいまでは親戚とちゃんと交流があって、正月なんかの集まりにも参加していた。」（『ホームレス』p.63）→"一直到我上小学高年级，我们家都还跟亲戚有着很好的往来，甚至还正月的聚会也都参加。"（《无家》9）。"甚至"を「甚だしい場合に到っては」と直訳（中→日）するのは容易だが、「なんか」を"甚至"にするのは容易ではない。

　4－⑥"竟然"（2）。「何してんねん。補導なんかされんなや。情けない。」（『ホームレス』p.167）→"你在干什么啊？竟然还被警察抓去補导，真是丢脸。"（《无家》p. 176）。

　5　しか～ない（38）
　5－①"只（只有、只是、只好、只能）"（24）。○「彼はそれまで一枚しかセーターを持っていなかったのだが～」（『ノル』上 p.80）→"以前他只有一件毛衣～，～。"（《挪》p.49）○「あたりさわりのないことしか教えなかったの。」（『ノル』下 p.16）→"我都只是轻描淡写地敷衍几句，～。"（《挪》p.200）○「机の前に座って、～雨の中庭の風景をぼんやりと眺めているぐらいしかやることがないのです。」（『ノル』下 p.146）→"只好坐在桌前，～观望院子的雨中景致。"（《挪》p.283）○「いや、それがこの電話は明日の午前中までしか使えないんです。」（『悪意』p.13）→"不行，这电话只能用到明天中午，～"（《恶意》p.11）。定石の対応関係である。

　5－②意訳（5）。○「そうするしかないようだね」（『悪意』p.187）→"好像不说也不行了。"（《恶意》p.187）○「そんなもの何の役に立つものですかとしか考えなかったわ。～」（『ノル』下 p.63）→"～，我继续认定它们毫无用场，～"（《挪》p.230）。

　5－③"才"（4）。○「だらだらと一年以上かけても半分ほどしか進まなかったのに～」（『悪意』p.193）→"原本拖拖拉拉写了一年多才写到一半的故事，～"（《恶意》p.143）○「解散からまだ三日しか経っていないし、～」（『ホームレス』p.19）→"其实解散后才不过三天～。"（《无家》p.17）。

6 さえ (25)

6－①"只要"(8)。○「これさえあれば、日高の盗作を立証できるわけで、～」(『悪意』p.245) → "只要有这个在手,就能证明日高抄袭我的作品,～"(《悪意》p.178)。

6－②"连"(7)。○「その友だちだか知りあいだかに会えたかどうかさえ書いてないの。」(『ノル』上p.151) → "连见到那个朋友或熟人也没提。"(《挪》p.96)。

6－③"甚至"(5)。○「うまくいけば、日高さんが発表した作品の真の作者という栄誉さえ手に入れることができます。」(『悪意』p.356) → "如果顺利,你甚至能够得到日高问世作品之真正作者的美誉。"(《悪意》p.262)。"甚至"は「なんか」や「さえ」に対応している。日本語話者中国語学習者にはその対応関係は学習上の困難点であろう。

7 まで (20)

7－①"连"(7)。○「～、事件と無関係なプライバシーまで公表しなければならないのかい」(『悪意』p.139) → "～, 可是难道连不相关的个人隐私都必须公之于世吗？"(《悪意》p.104)。"连"との対応は定石なので日本語話者中国語学習者にも理解しやすい。

7－②減訳(5)。○「話の内容までは聞き取れなかったけれど、～」(『ノル』上p.171) → "～，听不清两个谈话的内容，～"(《挪》p.109)。

7－③"甚至"(2)。○「～、食事まで作ってくれたという思いが私をこの上ないしあわせな気分にしていたのです。」(『悪意』pp.203－204) → "～，甚至为我做饭，我就感到无比幸福。"(《悪意》p.150)。「まで」が"甚至"に対応しているのは日本語話者中国語学習者には学習上の困難点となるであろう。「なんか」や「さえ」、更に「まで」と対応している"甚至"には日本語話者中国語学習者だけでなく中国語話者日本語学習者も注意を払う必要がある。

7 ばかり (20)

7－①その他(6)。("老"(2))"清一色的"(1)"只"(1)"整"(1)"净"

(1)）○「お兄ちゃん、お姉ちゃんに甘えてばっかりやったらあかんで」(『ホームレス』p.112)→"不可以老是向哥哥姐姐撒娇哦！"(《无家》p.115)○「建ち並んでいるのは高級住宅地ばかりだ。」(『悪意』p.7)→"～，该地区清一色的高级住宅，～"(《恶意》p.3)。わかりやすい対応である。

7－②"总"(4)。○「どうして楽器の話ばかり出てくるのかさっぱりわけがわからなかった。」(『ノル』上p.195)→"我更不明白她为什么张口闭口总离不开乐器。"(《挪》p.125)。"总"との対応は両話者に難しいであろう。中文和訳では「いつも」と紋切り型に訳されることが多いが、日本語から中国語を見ると難しさがわかる。

7－②"全(完全)"(4)。○「みんなほんとにいい子 ばっかりやのに、～」(『ホームレス』p.125)→"大家真的全都是好孩子。"(《无家》p.127)。わかりやすい対応である。

9 など (16)

9－①減訳(11)。○「マスコミのことなど無視したほうがいい」(『悪意』p.257)→"不要去管媒体的报告，对你会更好。"(《恶意》p.188)。中国語話者日本語学習者には難しい対応関係である。

9－②その他(5)。・"竟然"(1) ○「～、私のことを先生などと平気で呼べる神経には、ちょっと白けさせられた。」(『悪意』p.44)→"～,竟然大剌剌地就直呼我老师，粗心得令人有些不快。"(《恶意》p.32)。日本語話者中国語学習者には加訳(日→中)の関係からも難しい対応関係である。・"全"(1) ○「少なくとも私の彼女への気持ちには浮ついたところなどはありませんでした。」(『悪意』p.205)→"对她，我全无轻薄之心。"(《恶意》p.151)。

10 ぐらい (12)

10－①減訳(9)。○「こんなに腹が減っているのだから一個ぐらい盗ったってバチは当たらないだろう（といけない考えが浮かんできた。）(『ホームレス』p.25)→"肚子都饿成这样了,就算偷一个应该也不会遭天谴吧。"(《无家》p.22)。中国語話者日本語学習者には難しい対応関係である。

10-②意訳(3)。○「いいわよ、となりにいるくらいいくらでもいてあげるからって私言った。」(『ノル』下 p.17)→"我说好的,陪多久都可以。"(《挪》p.200)。

11 こそ(11)
11-①"才"(6)。○「『燃えない炎』だって、俺の手が加えられたからこそ、文学史に残る作品になったんだ」(『悪意』p.237)"《死火》不就是经过我的加工,才成为留名文学史的佳作?"(《恶意》p.172)。わかりやすい対応関係であろう。

11-②"就""就是"(3)。○「そしてだからこそ、素人の私が次々と新しい作品を生み出してくるのが妬ましいのだろうということでした。」(『悪意』p.207)→"或许就是因为这样,看到业余的我接连写出新的作品,他才会忌妒。"(《恶意》p.153)。わかりやすい対応関係であろう。

12 でも(8)
12-①減訳(7)。○「ホテルででも飲んでください〜」(『悪意』pp.263-264)→"〜,这个可以留到今晚在酒店里喝。〜"(《恶意》p.193)。人口に膾炙したとりたて詞「でも」の減訳(日→中)例である。中国語話者日本語学習者には難しい対応関係である。

12-②"什么"(1)。○「まったく眠くはなかったので何か本でも読もうと思ったが〜」(『ノル』下 p.173)→"由于全无睡意,想看本什么书。〜"(《挪》p.301)。わかりやすい対応関係であろう。

13 すら(6)
13-①"连"(4)。○「住み慣れた家の最後の顔すら見られなかった。」(『ホームレス』p.6)→"就连已经住惯的家的最后一眼都无法看到。"(《无家》p.3)。わかりやすい対応関係であろう。

13-②"甚至"(2)。○「あなたそれにすら気がつかなかったでしょう?」(『ノル』下 p.212)→"你甚至没有注意到我发型的变化吧?"(《挪》p.324)。「すら」が"甚至"に対応しているのは日本語話者中国語学習者には学習上の困難

点となるであろう。既述のように「まで」が"甚至"に対応しているのは日本語話者中国語学習者には学習上の困難点となるであろうし、「なんか」や「さえ」、更に「まで」「すら」と対応している"甚至"には日本語話者中国語学習者だけでなく中国語話者日本語学習者も注意を払う必要がある。今後、対応関係について詳しく研究していく必要があるであろう。

7 結語

　減訳（日→中）が上位に来るものに対応するとりたて詞は中国語話者日本語学習者が日本語学習上、学習が困難なとりたて詞である。3「とりたて詞（日）使用数量と対応表現（中）ランキング（総計441例）」の表から「なんて」(75,17%)「なんか」(62,14%)「など」(17,3.9%)「ぐらい」(12,2.7%)「でも」(8,1.8%)等がそれであることが理解できる。4　とりたて詞「も」については①多さの強調（26）②予想基準外の多量＋スル（20）③全く〜シナイ（13）④誰も／何も〜シナイ（11）で全体80個のうちの70個（87.5%）を占める。②予想基準外の多量＋スル（20）「 X［数量一般］モ＋P［肯定］ex.150万もあずける」ア減訳（＝減訳（日→中））（13）　ex.「八年もたつと風景も違っているものですか？」(『ノル』下 p.261)→ "相隔八年连风光也变样了？"(《挪》p.356)は中国語話者日本語学習者が学習上、困難を伴うことが予想される。5　については「など」(17)が『悪意』のみで使用されていることが注意を引く。とりたて詞に対応する中国語表現では「なんて」→"根本"、「だけ」→"至少"、「なんか」「さえ」「まで」「すら」→"甚至"などの副詞が使用されるのが注意を引く。「なんて」「なんか」「など」→"竟（然）"などの対応もみられ、加訳（日→中）（注：日本語が非明示で、中国語が明示表現となること。）との関係もあり、日本語話者中国語学習者の中国語学習上の困難な個所を想起させ、注意を引く。

　今後、こうした形の面の対応関係を、小説以外の論説文や時事日本語文とそれに対応する中国語文の間で考察、研究して、意味の面での対応関係の考察、研究と両面相まって、実りある日中対照表現研究の成果が得られると考える次第である。

〔付記〕日中対照言語学会第 30 回大会（2013 年度冬季大会　2013.12.15（日）於大阪）で口頭発表した内容をもとにして作成したものである。

〔注〕
(1) 藤田昌志（2007）pp.22-28
(2) 野田尚史（2012）p.178。筆者注:ex."stay a year." →「一年でもいろよ。」
(3) 野田尚史（2012）p.180
(4) 井上優（2012）p.199
(5) 藤田昌志（2007）「加訳（日→中）について」三、指示代詞の加訳（ア）"这（那)、这么、这儿、这个、这些"等の加訳　pp.4-5

〔引用文献・参考文献〕
寺村秀夫（1991）『日本語のシンタクスと意味Ⅲ』くろしお出版
沼田善子（1992）『日本語文法セルフマスターシリーズ 5　「も」「だけ」「さえ」など－とりたて』くろしお出版
藤田昌志（2007）『日中対照表現論』白帝社
沼田善子（2009）『ひつじ研究叢書＜言語編＞第 68 巻　現代日本語のとりたて詞の研究』ひつじ書房
野田尚史（2012）「とりたてとコンテクスト」澤田編（2012a）所収　p.180
澤田治美編（2012a）『ひつじ意味論講座第 6 巻　意味とコンテクスト』ひつじ書房
井上優（2012）「モダリティの対照研究　日本語と中国語を例に」澤田編（2012b）所収　pp.195-214 ,p.199
澤田治美編（2012b）『ひつじ意味論講座第 4 巻　モダリティⅡ:事例研究』ひつじ書房

【用例採取書目】
村上春樹（2004）『ノルウェイの森（上）』（=『ノル』）講談社　講談社文庫　（2010 年第 43 刷を使用）
村上春樹（2004）『ノルウェイの森（下）』講談社　講談社文庫　（2010 年第 37 刷を使用）
林少华译（2007）《挪威的森林》（=《挪》）上海译文出版社　（2010 年第 13 次印刷使用）
東野圭吾（2001）『悪意』講談社　講談社文庫　（2009 年第 45 刷を使用）
娄美莲译（2007）《恶意》南海出版公司
田村裕（2007）『ホームレス中学生』（=『ホームレス』）ワニブックス（2007 年 13 印刷を使用）
吴季仑译（2007）《无家可归的中学生》（=《无家》）上海译文出版社（2009 年第 2 次印刷を使用）

第5章

村上春樹『ノルウェイの森』と
林少华译《挪威的森林》

キーワード：事例研究　転換（日→中）　加訳（日→中）　減訳（日→中）

1　序

　本章は村上春樹著『ノルウェイの森』[1]とその中国語訳作品林少华译《挪威的森林》[2]について対照表現研究を行うものである。

　筆者は（2007）『日中対照表現論―付：中国語を母語とする日本語学習者の誤用について―』白帝社刊（以下、拙著（2007）と略す。）で理性的分析、分類による日本語と中国語の表現面における対照分析（日→中を基本的考察とする）を行っている。今回は具体的事実、具体的実際による、事例研究としての日中対照表現論（日→中を基本的考察とする）を考察し展開することにした。「理論」と「現実」、competence と performance などこうした局面を均等に分析、考察、研究することはバランスのとれた言語の全体像を明らかにするための必須の研究であると考える。日本語の資料としては今後、現代小説だけでなく新聞の文章や公的文章なども対象として扱い、日中対照表現論の全体像を明確にしていく必要があると考える。

2　先行研究、研究方法等について

　拙著（2007）では分析方法として加訳（日→中）、減訳（日→中）、転換（日→中）、意訳（日→中）という概念を導入した。詳しくは拙著（2007）をご覧いただきたい。加訳（日→中）は中国語表現の明示性（＝日本語表現の非明示性）を、減訳（日→中）は日本語表現の明示性（＝中国語表現の非明示性）を特徴とし、転換（日→中）は受身や使役、語順、反語、動作主中心表現と事物中心表現について＋－的な（二項対立的な）特徴がみられる場合を指す概念である。

意訳（日→中）については直訳（日→中）に対する概念であるが、個別的な問題が多く、本稿では紙数の関係もあり基本的に取り扱わない。

村上春樹著『ノルウェイの森』については林少華訳以外に数種類の訳本が出版されており、台湾では頼明珠譯《挪威的森林》（上）、《挪威的森林》（下）時報文化出版企業股份有限公司（筆者の手元には二版四十一刷2011年2月8日版がある）が出版されているが、基本的に直訳に終始しており、日本語表現とそれに対応する中国語表現の特徴を把握、分析、研究するにはなじまないので採用しなかった。もっとも林少華訳には後述するように加訳（日→中）面で"于是"を多用するといった林少華訳自体の特徴と考えられるものも存在する。

「事」（具体的事実、具体的実際）の、事例研究としての対照表現研究は今回の文学作品だけでなく、他のジャンル（たとえば新聞記事、コラム、法律文等）のものも分析対象とすることによってより豊かで客観性の高い研究が集積されていくように考えられる。「事」の、事例研究の日中対照表現研究の深化によって日本語と中国語の表現上の特徴が明らかになり対等、平等の言語観が確立されることを願ってやまない[3]。

3　総論

本研究の全体的構成について述べる。また、次の4　各論　以外で述べておくべくことについて言及する。

次の4　各論　では『ノルウェイの森』→《挪威的森林》を分析、考察した結果、転換（日→中）が加訳（日→中）や減訳（日→中）よりも特徴的であることが判明した（数量が多い。以下、（　）内の数字は用例数。）ので転換（日→中）について詳しく分析、考察を行う。具体的には4.1 転換（日→中）（368）は4.1.1 受身（143）、4.1.2 使役（145）、4.1.3　反語（中）（43）、4.1.4 語順（24）、4.1.5　動作主中心表現と事物中心表現（13）に分かれる。また、続いて4.2 加訳（日→中）―副詞・接続詞類を中心に―（124）、4.3 減訳「ようだ」-（比況）（11）（様態）（10）-（21）について考察し、5　結語、[注]、[引用文献・参考文献]という全体構成になっている。

4.1 転換（日→中）（368）では4.1.1 受身（143）の下位分類として4.1.1.1

受身（日）→非受身（中）（126例。以下、「例」は基本的に省略する。）（1.意訳（39）[4] 2.非受身（=「する」(日)）（32）、3.存在文（20）、4.主観転換（15）、5.状態補語（9）、6.非受身（中）=使役（7）、7."把"字句（4））、4.1.1.2非受身（日）→受身（中）（17）が存在する。また、4.1.2使役（145）には次の下位分類がある。4.1.2.1非使役（日）→使役（中）（121）（Ⓐ～Ⓗ詳しくは4.1.2.1の分析、考察をご覧いただきたい。）、4.1.2.2使役（日）→非使役（中）（24）。

　4.1.1受身（141）については4.1.1.1受身（日）→非受身（中）（126例）が数量も最も多く、この項での中心となる。2　非受身（=「する」(日)）（32）や4　主客転換（15）は拙著（2007）以来の問題点である。4.1.2使役では4.1.2.1非使役（日）→使役（中）（121例）が数量も多く、この項の中心となる。総じて対照的に考察した結果では、受身表現は日本語のほうが多く、使役表現は中国語のほうが多い。この認識は実践面では中国語教育、日本語教育両方において重要である。

　次に、4　各論では扱わない**受身表現——受身（日）→受身（中）（111）、使役表現——使役（日）→使役（中）（71）**について述べてみたい。

受身表現——受身（日）→受身（中）について。

『ノルウェイの森』／表現			上	下	合計（個数）		総　計
"被"字句			42	36	78		
その他	1	给	8	6	14		
	2	让	4	2	6		
	3	受（到）	4	2	6	33	111
	4	遭	1	2	3		
	5	由～	1	1	2		
	6	挨	0	1	1		
	7	讨人喜欢	1	0	1		

受身（日）→受身（中）となるのは総計111例であり、"被"字句が全体の78例、約70.3％と圧倒的に多い。また"被"字句の動詞部分は二字の〔動詞＋補足成分〕のものが非常に多い。(ex.「部屋のドアの名札も外されて、僕のものだけになっていた。」(『上』p.103))→"房門上的姓名卡片也被揭去，只剰下我自己的。"(p.64) 林少华（2007）の頁を表す。以下、同じ。)[5] (次のような場合は二字の動詞のように思えなくても前後のものと合わせて二字のまとまりと考えられるもの (ex."被迫"、"被人说是"、"被～一劝"、"被风一吹")である。○「大学が封鎖されて講義はなくなったので、～」(『上』p.89)→"大学被迫关门后没有课上了，～"(p.55) ○「しゃべり方が変わっているなんて言われたのは本当にそれがはじめてだったのだ。」(『上』p113))→"说话方式被人说是与众不同，这还真是一遭。"(p.70)「そう言われると私、それ以上何も言えなかったわ。」(『下』p.31))→"被他如此一劝,我不好再说什么了，～"(p.209)、○「～、それが風に吹かれて山の斜面を彷徨していた。」(『下』p.40))→"～，被风一吹，在山坡前彷徨不定。"(p.214)。)

その他については"给"が最も多く"叫"がないのが注意を引く。意味上の受身文については表にはないが『上』6例、『下』6例、計12例ある。(ex.「その手紙は直子あてに転送される」(『上』p.87) → "那封信总会转递到她手上。"(p.54)。) 意味上の受身文については受身としての明確なマーカーがないこと、提題化との関係もあり、表から外した。)

使役表現——使役（日）→使役（中）について。

順位	『ノルウェイの森』表現	上	下	合　計	総　計
1	让	12	18	30	71（例）
2	使	15	12	27	
3	叫	1	6	7	
4	给	2	3	5	
5	请	0	1	1	
6	令	0	1	1	

"让"の方が"使"よりわずかではあるが多用されていることは注意を引く。"让"は「変化の過程」に重きを置く。それに対して"使"は「変化の結果」に重きを置き、「結果がすでに現れるのが普通」である。"使"は"X 使 Y・V"において「Yが自らの意志で行うことができず、なんらかの働きかけによって、ある作用をするようになったという意味」を表している、いわゆる「原因の使役文」である[(6)]。

　加訳（日→中）については拙著（2007）の「第一章　加訳（日→中）」で二、「数詞"一"＋量詞の加訳（日→中）」、三、指示代詞の加訳、四、「具体性」の加訳、より言語習慣上の理由が色濃い加訳——として分析、考察したが、本章では上記の四、に関連して副詞、接続詞表現（ex."于是""其実""居然""竟"（"竟然"））を中心として述べる。

　減訳（日→中）についても拙著（2007）の「第二章　減訳（日→中）について」で取り立て詞や「ようだ」（比況）、「そうだ」（様態）、アスペクト類の表現（ex.「～ている」「～てある」「～てしまう」「～ておく」）の減訳について考察したが、本章では「ようにして」、「そうに」を中心として説明する。

　意訳（日→中）については拙著（2007）の「第五章　意訳（日→中）について（Ⅰ）」「第六章　意訳（日→中）について（Ⅱ）」で考察したが、本章では紙幅の関係もあり、また、分類した個別例の提示、記述にとどまる可能性が高いので、今後の問題として今回は割愛した。以下、各論に移る。

4　各論
4.1　転換（日→中）について
4.1.1　受身表現について

　受身表現は 4.1.1　受身（日）→非受身（中）（126）と 4.1.1.2　非受身（日）→受身（中）（17）に分かれるが、前者が 126 例に対して、後者は 17 例と、前者の方が圧倒的に数量としては多い。このことは日本語の受身表現が中国語では受身表現として表現されないことが多いことを示唆している。3　総論で言及した受身表現——受身（日）→受身（中）（111）が総計 111 例（意味上受身文を加えると 123 例）あったことを考慮に入れると、<u>日本語の受身表現が中</u>

国語の受身表現になる確率は45.3%で、実に約55%が中国語の受身表現と対応しないのである。次にこの不対応の実態（=「事」実）について考察したいと思う。

4.1.1.1　受身（日）→非受身（中）について

受身（日）が非受身（中）になる場合については、以下の7つに下位分類される。

受身（日）→非受身（中）

順位	下位分類	上	下	合　計
1	意訳	14	25	39
2	非受身（中）（=〈する〉（日））	24	8	32
3	存在文	12	8	20
4	主客転換	8	7	15
5	状態補語	7	2	9
6	非受身（中）=使役	3	4	7
7	"把"字句	4	0	4
				総計126

1　意訳（39）については39例あり、トップである。

(1)「こうして会いに来てくれたことに対して私はすごく感謝しているんだということをわかってほしい。とても嬉しいし、―――救われるよ。」
（『上』p.20）
"对你这样前来看我，我非常感激，非常高兴，真是----雪里送炭，～"
（p.11）

こうした成語や成句、よく使われる慣用表現を使用したり、「入院費は実質的には免除されている」（『上』p.199）→"住院费才实际上等于免了，～"（p.129）など意味を説明的な中国語にする場合である。

第5章 村上春樹『ノルウェイの森』と林少華訳《挪威的森林》

2 非受身（中）（=〈する〉（日）） とは、その日本語の受身に対応する中国語を日本語に再び訳すと「～する」という形になるものである。

(2)「外界から<u>遮断された</u>静かな世界」(『上』p.179)
  "同外界<u>隔絶的</u>寂静世界" (p.115)

「今<u>使われている</u>のは～」(『上』p.196) → "現在<u>使用的</u>" (p.126)、「原則的にはそれは<u>許可されていない</u>の」(『上』p.208) → "原則上是<u>不允许的</u>" (p.134)、「ここはＣ地区と<u>呼ばれている</u>ところで、～」(『上』p.209) → "这里<u>称为</u>Ｃ区，～" (p.134) などの類例がある[7]。もっとも次例になると、「意味上の受身文」なのか非受身（中）（=〈する〉日）なのか判然としないところがある。「私のような立場に<u>置かれて</u>何カ月も治療を受けていると、いやでも多かれ少なかれ分析的になってしまうものなのです。」(『上』p.179) → "但<u>处在</u>我的境地，接受了几个月治疗之后，喜欢也罢，讨厌也罢，难免多多少少受到分析的熏染---" (p.114)。

3 存在文（中）(20) は文字通り中国語が存在文になるものである。① V1+着（11）② V2（6）③ V3+了（2）④ V4+上（1）と① V1+着（11）が11例と最も多い。V1を含む①には次のようなものがある。「<u>セットされている</u>」(『上』p.17) → "<u>放着</u>" (p.17)、「～りんごのマークが大きく<u>印刷されていた</u>」(『上』p.140) → "(背部还)<u>印着</u>一个大大的苹果商标。" (p.89)、「きちんと<u>揃えられて並び</u>」(『下』p.10) → "～整齐<u>排列着</u>～" (p.196)、「頭には白い包帯が<u>まきつけられ</u>」(『下』p.71) → "头上<u>缠着</u>白绷带，～" (p.235)。② V2（6）には「草花が<u>植えられ</u>」(『上』p.209) → "→<u>种植花草</u>" (p.134)、「まわりを林に<u>囲まれた</u>」(『上』p.290) → "四面<u>围有</u>树林的草地。" (p.185)、「空は～雲に<u>覆われ</u>」(『下』p.33) → "天空～，<u>布满</u>乌云，" (p.210)、「ソースが<u>かけられていた</u>」(『下』p.123) → "上面<u>淋有</u>调味汁" (p.268) などの例がある。③ V3+了については「～女の子が千人近く<u>あつめられてる</u>の。」(『上』p.127) → "这样的女孩子<u>搜罗了</u>差不多一千个。" (p.80)、「直子のために<u>保存されていたのだ</u>。」(『下』P.242) → "～为直子<u>保留了</u>～" (P.344) という例があった。 ④ V4+上には「スズキ

の皿が置かれ」→"～面前各放上一盘鲈鱼,～"(P.268)という例があった。"着""了""上"の有無など問題となるが"印""放""保留"などは日本語の受身に対応する（非受身）の存在文の動詞としてよく見受けるものである。

4 主客転換(15)については拙著（2007）で"被"字句との使い分けについて"问"や"跟到"をめぐって考察した[8]が「被害・不本意」の意味を表すかどうかではなく「名詞のランキング」の面から考察するとどうなるであろうか。日本語では3種の名詞は次のようなランキングを作っている。一人称代名詞＞人間名詞＞無生物名詞[9]。これは日本語受身文の場合にも援用できる。主客転換（日→中）15例のうち、実に13例が「（私が）V（ら）れる」という「私」（「あなた」「人」を二つ含む）を主語とする受身文である。このことは名詞ランキングから言って首肯できることであるが、それが中国語では主客転換として表現されるということは、中国語の当該動詞が動作の受け手の「私」を主語とし受身にすることになじまない、更にいえば動作主の動作性が強い動詞（中）であると考えられるのである。13個の動詞とは次のようなものである。"流露"（（敬意を）「払う」）、"推给"（「押し出す」）、"叫"（（名前を）「呼ぶ」）、"说"（「言う」(2)）、"告诉"（「言う」）、"问"（「言う」(2)）、"夸"（「ほめる」）、"强加给"（「押しつける」）、"理解"（「理解する」）、"关怀"（「かまう」）、"劝"（「誘う」）。いずれも主語（中）は「人」（＝「第三者」）となっている。(ex.「～、そのせいで僕はよく知りもしない人間からちょっとした敬意を払われまでした。」（『上』p.68））→"～,甚至素不相识的人都对我流露出一丝敬意。"(p.42)、「だって石田先生に会えって言われてきたから」（『上』p.197））→"可是人家告诉我找石田老师呀！"(p.127) etc。）「敬意を払われる」の例は中国語文が「間接目的語の主語化の回避」[10]となっている例であるが、実際の例はそれほど多くないようである。（「理」としては存在するが「事」実として少数例ということである。）他の2例は「料理が運ばれてきた。」（『下』p.123）→"侍者端菜进来。"(p.268)、「～、レモンのシャーベットとエスプレッソコーヒーが運ばれてきた」（『下』p.126）→"～,端来柠檬汁和蒸馏咖啡。"(p.271)といずれも主語（中）は「ウェイター／ウェイトレス」という動作主で、使用されている動詞は動作性の強い動詞"端"である。日本語が「料理」やメニュー名（レモンのシャーベッ

第 5 章　村上春樹『ノルウェイの森』と林少華訳《挪威的森林》

トやエスプレッソコーヒー）を主語とすることに抵抗がないのは英語の翻訳の影響であろう。「名詞ランキング」といってもそうした点に注意を払う必要がある。主客転換（日→中）とは動作主の動作性が強い動詞（中）によって引き起こされる現象のように考えられる。主客転換（日→中）については今後も考察を続けたい。

　5　**状態補語**（9）については9例のうち、6例が「～は（よく）手入れされている」→ " ～（修）剪得" であることに注目したい。「植木」（" 草木 "）や「髪」（" 头发 "）、「植え込み」（" 观赏树 "）がどのように手入れされているか、という表現を中国語は好むのである。（ex.「～、植木はよく<u>手入れされていた</u>。」（『上』p.192）→ " ～，草木都<u>修剪得</u>整整齐齐。"（p.123）、「その短かく<u>カットされた髪が</u>」（『下』p.171）→ " 那<u>剪得</u>短短的秀发 "（p.299）etc.）残りの3例も「雨戸が<u>閉ざされる</u>」（『上』p.87）→ " 木板套窗关得～ "（p.54）、「肉体が～<u>完成されている</u>」」（『上』p.271）→ " ～肉体完成得～ "（p.173）、「机の上は（きちんと）<u>整理され</u>」（『下』p.175）→ " 桌子<u>拾掇得</u>（整整齐齐），"（p.302）で日本語は受身表現であっても中国語は状態を描写する表現となっている。

　6　**非受身（中）＝使役**（7）は中国語表現が使役表現になるものである。日本語は名詞ランキングによって「私」や人間名詞を優先して主語として使用するが、中国語は原因となる人・物・事を中心として表現することが可能なこと、またそれを好むことが使役表現を採らせることとなっている。

(3)「ここにいる限り私たちは他人を苦しめなくてすみますし、<u>他人から苦しめられなくてすみます</u>。」（『上』p.182）
　" 只要身在这里，我们便不至于施苦于人，<u>也可以免使别人施苦于己</u>。"（p.160）

(4) 何かひどいこと<u>されたんですか</u>？（『上』p.251）
　" 她做什么<u>让你做</u>难堪的事？ "（p.116）

　(3) では「私たち」が「他人から苦しめられなくてすみます」という日本語を中国語では「ここにいる」事が「他人が私たちを苦しめる」ことを「サセ

ナイ」("免使")ようにするという、原因の事柄を主語とする使役の表現に変えている。(4)は間接目的語の主語化の回避(中)でもあるが、「ひどいこと」(日)を中国語では"让你做难堪的事"(「あなたを耐えがたくさせる事」)と使役を含む表現に変えている。

　7 "把"字句 (4)は動作主を主語に立て、目的語を処置する対象として "把" で動詞の前に置くものである。すべて、主語が「私」である日本語の受身文が中国語では "把" 字句で表現されているものである。次のような例である。「警察に呼ばれる」(『上』p.52) → "警察～把我叫去了～" (p.31)、「(親に) あそこに入れられちゃった」(『上』p.126) → "父母～把我塞去那里。" (p.79)、「(親に) あんな学校に入れられちゃった」(『上』p.295) → "父母～把我送入那样的学校：" (p.188)、「(僕のようなこれといって特徴もない男が)　永沢さんの個人的な友人に選ばれた (ことに対して)」(『上』p.68)　→ "(当)永泽把我这个平康无奇的人选为他的私人朋友后～" (p.42)。

4.1.1.2 非受身(日)→受身(中)について

非受身(日)が受身(中)になる場合は17例あるが、日本語表現は自動詞の表現が多い。「あの人たちは私のことですごく混乱していて～」(『上』p.184) → "他们被我搅得心慌意乱，～" (p.117)、「世界中のすべてが赤く染まっていた。」(『下』p.131) → "凡是目力所及的东西，无不被染成了红色，～" (p.274)。日本語が大きくは「ナル」的表現を好み、中国語が「スル」(・「サレル」) 的表現を好むことに起因するのかもしれない。もっとも次のように、名詞ランキングの相違によって日本語が非受身で中国語が受身になる場合も存在する。「その週の半ばに僕は手のひらをガラスの先で深く切ってしまった。」(『下』p.108) → "这星期刚过一半，手心被玻璃片划了一道很深的口子。" (p.259)。中国語では身体部分 (ex.上記「手のひら」「髪」「眼 etc。) を主語にしても何ら問題ではない好例である。

4.1.2 使役表現について

　転換(日→中)の中の4.1.2 使役表現については **4.1.2.1 非使役(日)→使役**

(中)（121）と 4.1.2.2 使役（日）→非使役（中）（24）に分かれる。前者が121 例に対して、後者は 24 例と前者の方が圧倒的に多い。このことは日本語の非使役表現が中国語では使役表現として表されることが多いことを物語っている。3 総論で言及したように使役表現——〔使役（日）→使役（中）〕が総計 71 例あったことを考慮に入れると、日本語の使役表現が中国語の使役表現になる確率は約 74.7％ であるが、使役表現（日）自体が翻訳調の文体であること、また非使役（日）→使役（中）が 121 例と使役（日）→非使役（中）の総計 71 例を凌駕していることを考えれば、使役表現について日中語間で特徴的なのは非使役（日）→使役（中）の表現であると言えよう。

4.1.2.1 非使役（日）→使役（中）（121）

使役表現（中）のマーカーの使用頻度の表は以下のものである。

非使役（日）→使役（中）の使役（中）のマーカーについて。

順位	表現マーカー	上	下	合計	総計
1	让	16	25	41	
2	使	16	20	36	121 例
3	叫	10	12	22	
4	令	15	7	22	

使役表現——使役（日）→使役（中） の表（3 総論の表）同様、"让" が "使" より使用頻度が高いのは興味深い事実である。

　非使役（日）→使役（中）は、次の Ⓐ～Ⓘ（使用頻度順の（　）内の数字は使用数。）に分類される。

> Ⓐ
> 自動詞的表現（日） → 使役表現（中）
> 〔AがVする〕 "使（让／叫／令）・V"
> （A: 人・物・気 etc）

次のような例がある。　　　　　　　　　　　　　　　　　　　　　（39例）

 (5)「頭が<u>はりさけて</u>しまわないように～」(『上』p.8)
  → "为了不<u>使脑袋胀裂</u>～"(p.3)

次の二つの例を見ていただきたい。「でもそんな風に僕の頭の中に<u>直子の顔が浮かんでくる</u>までには少し時間がかかる」(『上』p.11) → "但是<u>使直子的面影在我脑海中如此浮现出来</u>，总是需要一点时间的。"(p.6)。「<u>鳥が出ないように</u>注意しながら檻の中に入って汚物を洗いおとし、～」(『上』p.274) → "在注意<u>不让鸟跑出</u>的同时进入栏内，清洗赃物。"(p.175)。前例では（"X 使 YV"の形で）"Y"（="直子的面影"）の「動作の実現を含意する使役動詞」="使"[11]を使用し、後例では（"X 让 YV"の形で）"Y"（="鸟"）の「動作の実現を含意しない場合の使役動詞」"让"を使用して使い分けている。"使"の場合、「自然に～する」場合に使用されYの意志性はないが、"让"の場合、Yの意志性が存在するのである。

> Ⓑ
> Oを<u>V</u>する（日） → 使役表現（中）
> →（Vさせる）　"使（让／叫／令）O・V"
> （物・人にOを<u>V</u>する（日）→ "使（让／叫／令）[物・人]
> →（Vさせる）
> VO"（中）を含む）

(35例)

 (6) ～することによって<u>ある種の病</u>を<u>治癒する</u>ことが可能だというのがその医師の理論だったの。(『上』p.200)
  → "那位医生的理论是，从而<u>使某种病得到彻底治疗</u>。"(p.128)

「治癒する」＝「治癒させる」と使役性を持つ表現にすれば中国語との対応は理解しやすくなる。「僕をひきつける」（『上』p.225）→ "使我为之倾心"（p.144）、「（自分の良い面を）見せる」（『上』p.260）→ "让你看他好的那方面"（p.166）、「感情を静める」（『下』p.14）→ "使感情平静下来"（p.198）、「頭の中を空っぽにする」（『下』p.95）→ "让脑袋处于真空状态"（p.250）、「見せてあげる」（『下』p.169）→ "让他看"（p.298）、「話をする」」（『下』p.218）→ "使他说话"（p.329）などの最初の日本語は「〜サセル」の形に言い換えられ、中国語も使役表現が対応していることがわかる。

Ⓒ
（人）がイ形容詞（日） → 使役表現（中）
ナ形容詞（日） "使（让／叫／令）A・Adj.etc"

（31例）

(7)「あなたがそう言ってくれて私とても嬉しいの。本当よ。」（『上』p.16）
"你这样说，太叫我我高兴了，真的。"（p.16）
(8)「事態がどれほど絶望的に見えても、どこかに必ず糸口はあります。」
（『下』p.223）
"无论事态看上去多么令人悲观，也必定在某处有突破口可寻。"（p.332）

(7)はイ形容詞「嬉しい」の使役表現（中）例、(8)はナ形容詞「絶望的」の使役表現（中）例である。この他、「哀しい」→ "令人悲哀"、「（気持ちが）明るい」→ "叫人高兴"、「辛い」→ "叫人难受"、「変だ」→ "让人生疑"、「大好き」→ "叫人喜欢"、「重苦しい」→ "令人窒息"、「可愛い（顔）」→ "叫人怜爱"などの例があった。いずれも中国語の文学作品などでよく見受ける表現である。

以上のⒶⒷⒸの三つで全体121例の105例、約84.3％を占める。以下のD〜Ｉは各5例のものである。

Ⓓ　AがBにVして（くれ）　→　"A 让 B・V"（中）
　　〔命令・依頼〕と言う（日）

(5例)

(9) お母さんが夕食の支度していて、もうご飯だからお姉さん呼んで来て<u>って言ったの</u>。　　　　（『上』p.298）
　　母亲正在准备晚饭，<u>让</u>我叫姐姐吃饭。（p.190）
(10) 私すぐみんなのところに行って手わけして直子を探して<u>って言ったの</u>。（『下』p.275）
　　我马上跑去大伙那里，<u>让</u>大伙分头去找直子。（p.365）

(9)は「人」が「私」に言う場合、(10)は「私」が「人」に言う場合である。5例すべて"让"を使用している。他の3例は以下のものである。「（私は）FM放送をつけ<u>てくれと言った</u>。」（『上』p.287）→"〜，再次<u>让</u>她打开立体声短波，〜"(p.183)、「横になりなさい<u>と私言って</u>」（『下』p.17）→"〜，<u>让</u>她过来躺在我的床上。"(p.200)、「キウリ買っ<u>てくれなんて言わなかったわよ</u>」（『下』p.74）→"根本没<u>让</u>她买什么黄瓜，真是。"(p.236)。

Ⓔ　抽象的表現　（日）→具体的・説明的表現（中）
　　　　　　　　　〔使役表現〕（中）
　　　　　　　　　（=（人）をV、させる）
　　　　　　　　　"叫（人）V〜"

(5例)

(11) あなたは今日私にすごく<u>ひどいこと</u>をしたのよ。（『下』p.212）
　　"你做了件十分<u>使</u>我伤心的事。"（p.324）

第5章　村上春樹『ノルウェイの森』と林少华译《挪威的森林》

拙著（2007）の「意訳（日→中）について」[12]で間接的表現（日）の直接的表現（中）への意訳とともに「抽象的表現（日）の意訳」[13]として「それに破れる」→"离婚"、「それもそうだと惇一は思いながら、〜」→"惇一虽然觉得初美的话不是没有道理，〜"などの例を挙げて論じたが Ⓔ は具体的・説明的表現（中）が使役の場合である。他には次のような例があった。「僕は緑の父親がわけのわからないことを言ったのを思いだした。」（『下』p.97）→ "我想起绿子父亲说的叫我摸不着头脑的话来。"（p.251）、「彼女からもあなたにくれぐれもよろしくということです」（『下』p.177）→ "她再三让我向你问好。"（p.303）

Ⓕ
```
A（人）が〜になる（日）→ "使A〜"（中）
    〜くなる（日）
```
（3例）

(12)「それで僕はちょっとわけがわからなくなった。」（『上』p.85）
　"这倒使我有点不解了。"（p. 52）

Ⓕは心理的変化を表すものである。

「（両親に会いたくないのは）あの人たちは私のことですごく混乱していて、会って話をしても私はなんだか惨めな気分になるばかりだからです。」（『上』p.184）→ "他们被我搅得心慌意乱，见面交谈恐怕也只能使我惆怅不安，〜"（p.117）、「キズキのことを思い出さなかったことで、僕は彼に対してなんだか悪いことをしたような気になりました。」"打桌球时居然未想起木月，这使我感到似乎做了一件对不起他的事。"（p.283）。

以下はその他に含まれるものであるが、便宜上、Ⓖ（2例）、Ⓗ（1例）、Ⅰ（1例）としておく。

Ⓖ（2例）は V する（日）→ "让人・V（中）" 〔説明的〕 の形をとるもので、次のような例がある。「僕はウェイターを呼んで四杯めを注文した。」(『下』p.52）→ "我叫过男侍，让他拿第四杯。"（p.222)、「緑は〜、トム・コリンズのおかわりとピスタチオの皿を頼んだ。」（『下』p.152）→ "绿子〜，让他再来一杯汤姆柯林斯酒和一碟开心果。"（p.287）。中国語の表現は説明的なもの（ex.「注文する」→ "让他拿"（=「持ってこさせる」）、「頼んだ」→ "让他再来"（=「持ってこさせた」）となっている。

Ⓗ（1例）は 人がOをVする（日）（→人にOをVさせる）→ "使人VO（中）" という形をとるものである。例は次のようなものである。「唯一の問題は現実の社会に復帰する勇気を彼女がとり戻すことだという風に思っていたのだ。」(『下』p.203）→ "〜，便以为唯一的问题无非是使她重新鼓起回归现实生活的勇气，〜"（p.319）。興味深いのは日本語表現が「彼女」が「勇気をとり戻す」と彼女の意思中心の表現であるのに、中国語表現が使役表現となり、「私」が彼女に勇気を「とり戻させる」表現となっていることである。この方が中国語的表現なのであろう。

Ⓘ（1例）は 〔話し手〕が〔受益する〕（日）（→あなたにVさせる）→ "让你V（中）" という形をとるもので次のような例があった。「こちらこそごちそうになっちゃったし」（『下』p.148）→ "〜，倒是让你破费招待。"（p.284）。この場合、話し手の「受益」は相手の「損失」の結果であると中国語では表現している。

4.1.2.2　使役（日）→非使役（中）（24）

この場合の非使役（中）とは意訳（中）と考えてもよい。全体で24例あった。

(13)「新入生の女の子を感心させて、〜」（『下』p.67）
　　"〜，博取新入学女孩的好感，〜"（p.232）
(14)「〜昼ごはんを食べさせてもらったが、〜」（『下』p.181）
　　"我〜吃过一次午饭，〜"（p.306）

(13)は一般的な意訳(日→中)の例である。(14)については「使役」+「～てもらう」構文が一つになったものである。拙著(2007)「転換(日→中)について」の五、「～てもらう」構文の中国語への転換[14]でも論じたが、「～(さ)せてもらう」=「～する」となるので、この「食べさせてもらう」=「食べる」="吃过一次午饭"となる。類例に「私も読ませてもらっています。」(『下』p.222)→"我看了"(p.331)があった。

4.1.3 反語(中)(43)

日本語表現がそうでないのに反語表現(中)になるものについては拙著(2007)「意訳(日→中)について(I)」[14]で論じたが、今回、調べた結果では次のような使用頻度となった。①"还"(11) ②"哪里"(7) ③"怎么"(5) ③"谁"(5) ③"何苦"(5) ⑥"岂不"(4) ⑦"莫非～(不成)"(3) ⑧その他"能"(1)"何必"(1)。次のような使用例があった。(⑧その他の例は割愛。) ①「もちろん」(『上』p.20)→"那还用说" ②「孤独が好きな人間なんていない。」(『上』p.111)→"哪里会有人喜欢孤独,～"(p.69) ③「まさか」(『上』p.284)→"那怎么成,～"(p.181) ③「知らないわよ、そんなこと」(『上』p.173)→"那谁知道!"(p.110) ③「なんでまた？」(『下』p.169)→"这又何苦!"(p.298) ⑥「私は親戚中の笑いものだわよ」(『下』p.277)→"～,我在亲戚中岂不成块笑料了!"(p.366) ⑦「私が誰かにきちんと私を理解してほしいと望むのは間違ったことなの。」(『下』p.128)→"我希望某人理解自己莫非错了不成？"(p.272)。

4.1.4 語順(24)

語順を転換(日→中)するものである。

(15)「先生のところに来るのだけが楽しみなんです。」(『下』p.18)
  "我唯一的快乐就是到老师这里来。"(p.201)
(16) 京都駅についたのは十一時少し前だった。(『上』p.187)
  "快到十一点时，电车抵达京都站。"(p.120)

(15) のような"～（就）是～"という型になるものが 20 例あり、(16) のように「～V（た）のは～。」→"～～V。"（中）という型は 4 例しかなかった。このことは中国語が一般に動詞的表現を好むと考えられていることが必ずしも正しくないことを物語っている。(16) の中国語表現は統語的制約によるのかもしれない。そのことを考えると、(15) のような"～（就）是～"という型にできる動詞や形容詞は限定されるのかもしれない。今後の研究を俟つしかない。

4.1.5 動作主中心表現と事物中心表現 (13)

　動作主中心表現と事物中心表現の転換については拙著（2007）「転換（日→中）について」六、人（動作主）中心と事物中心 (16) として論じたが、今回、調べた結果では、動作主中心表現（日）→事物中心表現（中）(11)：事物中心表現（日）→動作主中心表現（中）(2) で前者のほうがずっと多く、この場合には 4.1.4 語順同様、中国語の方が動詞的表現（＝動作主中心表現）を好むとは言えない。

㋐動作主中心表現（日）→事物中心表現（中）に特徴的なのは身体（肉体）部分の使役表現が日本語の動作主中心表現の場合は多く、対応する中国語は身体（肉体）部分の提題化（中）が行われるということである。(17)(18) はその例である。

　　(17) そのあたたかい小さなかたまり（注：ウサギ）は僕の腕の中でじっと身をすくめ、<u>耳をぴくぴくと震わせていた</u>。（『上』p.276）
　　　　那暖乎乎的小圆团儿在我怀里一动不动的蜷缩着,<u>两耳一抖一抖地直动</u>。(p.176)

　　(18) 緑はカウンターに<u>片肘をついて</u>僕の顔を見つめた。（『下』p.49）
　　　　绿子<u>一只胳膊拄</u>在台面上，看着俄我的脸说：(p.220)

　(17) のような使役表現（日）のものが非常に多い。類例には次のようなものがある。「緑は<u>目を輝かせて</u>」（『上』p.155）→"绿子<u>眼睛一亮</u>"(p.98)、「彼女

は気を高ぶらせて」(『上』p.85) → "她情绪激动"(p.52)、「突然、体を震わせて」(『上』p.232) → "突然身体颤抖起来"(p.148)。いずれも身体（肉体）部分を提題化（中）した表現となっている。

(18) のような使役表現（日）でないものには「パンプスの位置をきちんと定め」(『下』p.136) → "一双船形鞋准确地站定位置,〜"(p.277) のような例があった。

事物中心表現（日）→動作主中心表現（中）には次のような例があった。後者の例は厳密には受動者中心表現（中）とも言うべきものである。「二十人ばかりの客を乗せてしまうとバスはすぐに出発し」(『上』p.188) → "上了大约二十名客人后，公共汽车当即出发,〜"(p.121)、「〜直子から僕あての小包が送られてきた。」→（『下』p.178)) → "〜,接到直子寄来的邮包,〜"(p.304)。最後に、次のような心理主中心表現（日）が事物中心表現（中）になる例を挙げてこの項を終わりたい。「〜僕は一瞬、嫉妬の混じった淋しさを感じた。」(『上』p.218) → "〜,一股夹杂着嫉妒的寂寥感掠过我的心头。"(p.139)。中国語は"寂寥感"(=「淋しさ」)が"掠过"(=「かすめた、ふっと現れて消えた」)という事物中心表現になっている。

4.2 加訳（日→中）について—副詞・接続詞類を中心に—(124)

加訳（日→中）については拙著（2007）第一章 加訳（日→中）について[17]で論じたが、五、より言語習慣上の理由が色濃い加訳 の中で"不由得""再说""竟"の加訳（日→中）について述べた。本章ではそうした副詞・接続詞類の頻度数について中心的に述べることにする。林少華訳《挪威的森林》では次のような頻度数順となっている。①"于是"(25) ②"其实"(24)③"居然"(24)④"竟""竟然"(19) ⑤"结果"(13) ⑥"不由""不由得"(10) ⑦その他、省略。また、次のような結果補語を含む部分の加訳（日→中）も合計9例みられた。ex."抱在怀里"(3)"搂在怀里"(2)"抱在一起"(1)"组合在一起"(1)"忘在那里"(1)"保存在那里"(1)。

(19) そこ（注：学生寮）なら食事もついてるし、いろんな設備も揃ってい

るし、世間知らずの十八の少年でもなんとか生きていけるだろうということだった。(『上』p.24)

这里一来管饭，二来生活设施也一应俱全，于是父母觉得即使一个未通世故的十八岁少年，也可在此生活下去。(p.14)

(20) 緑は最初のうち面白がって見ていたが、そのうちさすがに飽きたらしく、もう出ようと言った。僕らは立ちあがって、外に出て深呼吸をした。(『下』p.161)

"起始绿子还看得津津有味，后来到底显得扫兴起来，提议出去。于是两人欠身离座，到外面深深吸了口去。"(p.292)

(19)(20)は"于是"の加訳(日→中)例であるが、(19)は前の理由と後ろの判断を結ぶ"于是"であり、(20)は「そこで」に相当する"于是"である。林少华氏の《挪威的森林》には"于是"の加訳(日→中)がきわめて特徴的に多用されている。

②"其实"⑤"结果"は拙著(2007)で言及しなかった加訳(日→中)である。以下のような例があった。「旅行から帰ってきて少し疲れてるんだよ。べつになんともない。」(『下』p.46)→"刚旅行回来，有点累。其实没什么。"(p.218)、「ずいぶんいろんな検査したんだけれど、医者にもよくわからないのよ。」(『上』p.241)→"～，做了好多种检查，结果医生也莫名其妙。"(p.154)。

4.3 減訳(日→中)について

減訳(日→中)についても拙著(2007)第二章　減訳(日→中)について[18]で論じたが、林少华译《挪威的森林》では「ようだ」(比況)(11)、「そうだ」(様態)(10)の減訳(日→中)が特に注意を引く。「ようだ」(比況)の減訳(日→中)には以下のような例がある。

(21)「あたりまえでしょう」と直子はあきれたように言った。(『上』p.228)
　"那还用说！"直子惊讶地说，～"(p.146)
(22) 小柄な女の子がショルダー・バッグを抱えるようにして洗面所に行っ

てしまうと、~（『上』p.171）
小巧女孩怀抱拧包去卫生间后，~（p.109）

（21）（22）の例は慣用的な言い回しのようになっているものである。他には「びっくりしたように」（『上』p.197）→"他显得很惊愕，~"（p.127）、「彼女を殆んど抱きかかえるようにして」（『下』p.17）→"我几乎是把她抱到卧室去的。"（p.200）のような例があった。やはり慣用的な言い回しである。もっとも「ようだ／ように／ような」（比況）は意訳されたり（ex.「蚊の鳴くような声」→"細弱的声音"）"似的"と対応することもあり（ex.「芋を洗うような混雑」→"煮饺似的拥挤"）明示的表現の使用不使用については何ら一般的な法則、規則はないようである[19]。

（23）吉祥寺まで行く電車の中で、彼女は 窓の外の武蔵野の風景を珍しそうにじっと眺めていた。（『下』p.261）
"在去吉祥寺的电车上，她好奇地凝望着窗外武藏野的风光。"（p.356）

（23）は「そうだ／そうに」（様態）の減訳（日→中）例である。他に、「満足そうに」（『上』p.51）→"满意地"（p.31）、「残念そうに」（『上』p.216）→"十分遗憾地"（p.139）、「照れくさそうに」（『上』p.222）→"不好意思地"（p.142）、「楽しそうに」（『下』p.75）→"不无陶醉地"（p.237）、「気持ち良さそうに」（『下』p.200）→"怡然自得地"（p.317）、「恥ずかしそうに」（『下』p.252）→"羞涩地"（p.351）などがあった。中国語表現に比べての日本語表現の間接性・婉曲性の証左とすることができるものである[20]。他の減訳（日→中）については注意を引くものは見当たらないので割愛する。

5 その他

5．その他 としては5.1 使役動詞（日）→ no marker 動詞（中） 5.2 使役・受身表現（日）→受身表現（中）／受身以外の表現（中） について述べることにする。

5.1 使役動詞（日）→ no marker 動詞（24）

これは次のような例のことを指す。

(24) 中庭は広く、緑の芝生の中ではスプリンクラーが<u>太陽の光を反射させ</u>ながらぐるぐると回っている。（『上』p.25)
院子很大，绿色草坪的正中有个喷水笼头，旋转不止，<u>反射着阳光</u>。(p.15)

日本語は「反射させ（る）」であるが、対応する中国語は"反射"で使役を表す表現は no marker である。他例には次のようなものがある。（頁等は省略。）「服を脱がせる」→"脱去衣服"、「声明をほとばしらせる」→"迸发出无限活力"、「自分を向上させる」→"提高自己"、「人をひきつけ従わせる」→"指使人"、「カーテンを揺らせる」→"吹动窗帘"、「羽をばたばたさせる」→"扑梭翅膀"、「金のイヤリングを光らせる」→"闪出金耳环"、「あたりの空気を震わせる」→"摇颤周围的空气"、「手をどかせる」→"拿开手"。こうした日本語の使役動詞が明示的使役表現（中）にならない場合については、既に拙著（2007）第四章　転換（日→中）について[21]でも言及したが、日本語話者中国語学習者、中国語話者日本語学習者両方にとって修得が難しい個所である。

5.2 使役・受身表現（日）→受身表現（中）／受身以外の表現（中）（10）
㋐使役・受身表現（日）→受身表現（中）（2）

使役・受身表現（日）が受身表現（中）になる場合である。使役、受身両方にまたがることから、その他で取り上げる。転換（日→中）の一種である。次のような例があった。

(25) 僕はそんなざわめきにそれまでけっこう<u>うんざりさせられてきた</u>ものだが、～（『上』p.220)
这以前我被那嘈杂声着实<u>折磨得忍无可忍</u>, (p.141)

(26) 「～、徳島っていう看護人は去年アルコール中毒がひどくなって<u>やめさせられたし</u>」（『下』p.6)

"一个叫德岛的护理员,去年酒精中毒,闹得天翻地覆,被解雇打发走了。"（p.194）

(25)では「うんざりする」≒「苦痛を与える、痛めつける」="折磨"と意訳し、それを状態補語の形にし、"折磨"を"被"されるという形にしている。この"折磨"は使役の意味を持っているのであろうか、不明である。(26)の"解雇"も同様に使役の意味を持っているのか不明である。"解雇"を"被"されるという形はそういう問題が残る。

⑦使役・受身表現（日）→受身以外の表現（中）（8）

(27)～、ただの一度も失望させられることはなかった。（『上』p.65）
～，一次都没让我失望过，（p.40）
(28)（三日間、僕は我慢した。）共同生活においてはある程度の我慢は必要だと言いきかされていたからだ。（『上』p.36）
"听人说集体生活是需要某种程度的忍耐的。"（p.21）
(29)「毎朝あれ聞かされてると本当に頭がおかしくなっちゃいそうだわ」（『下』p.38）
"每天一大清早就听它说这个，脑袋真快要神经了。（p.213）

(27)は使役表現（ex."让"～）にするものである。（計3例あった。）(28)は意訳（日→中）にするものである。（計2例あった。）(29)は「聞かされてる」=「～する」=「聞く」に対応する中国語"听"にしたものである。（計2例あった。）使役・受身表現（日）に対応する中国語表現と言っても受身表現、使役表現、意訳表現、「する（日）」に対応する表現等がある。

6 結語

以上、村上春樹著『ノルウェイの森』とその中国語訳作品林少华译《挪威的森林》について拙著（2007）の分析手法、分類に従って考察してきた。日本文

学作品とその中国語訳を日中対照表現論の視点から体系的、全体的に考察した研究は過去に類例がないと思われる。今後、一つの日本文学作品とその中国語訳を日中対照語学的に分析する研究者が陸続と出られんことを心より切望する次第である。全体的考察によって、とりわけ印象的であるのは、日本語表現の方が中国語表現に比べて、受身表現が多く、使役表現が少ないことである。また、5.1 使役動詞（日）→ no marker 動詞　のようなものは今後、精緻な研究が必要であろう。そうしなければ、中国語教育で日本語と中国語を対等に扱う「中国語作文」は行われえないであろう。

　林少华氏の"于是"の多用については、他の日本文学とその中国語訳を調べてみないと、厳密には多用かどうか断定できないが、興味深い現象である。翻訳作品を資料として言語的分析を行うことには客観性の点から疑問を呈する人もいるであろうが、筆者はパロールを重視する立場に立ち、パロールあってのラングであり、その逆ではないと思う。「理論」と「実際」「事実」についても「理論」よりは「実際」「事実」の立場≒具体的事実、頻度数等を重視した研究も重要である。こうしたことは普遍性に対する個別性、理論と現実といった似たような問題を想起させる。「理論」と「実際」「事実」両方からの考察がすべての面で必要とされると考える次第である。

　　［付記］本章は日中対照言語学会第 30 回大会（2013 年度冬季大会　2013 年 12 月 15 日（日）於大阪）で口頭発表した内容をもとにして作成したものである。

〔注〕
(1) 村上春樹（2004）『ノルウェイの森（上）』講談社　講談社文庫（2010 年 12 月 27 日第 43 刷発行）を使用。同（2004）『ノルウェイの森（下）』講談社　講談社文庫（2010 年 10 月 28 日第 37 刷発行）を使用。
(2) 林少华译（2007）《挪威的森林》上海译文出版社 を使用。
(3) 言語教育面でも、たとえば中国語の「受身」「使役」を文法的な理論的側面からだけ説明するだけでは不十分で、具体的実際、具体的事実として、日本語と中国語の対照において、日本語の「受身」「使役」がどのように中国語の「受身」「使役」として表現され、また表現されないかを研究し、提示する必要がある。
(4) (　) 内の数字は個数を表す。

第 5 章　村上春樹『ノルウェイの森』と林少華译《挪威的森林》　113

(5) 次のような場合は二字の動詞のようには思えなくても前後のものと合わせて二字のまとまりと考えられるもの（ex."被迫""被人说是""被～一动""被风一吹"）である。「大学が封鎖されて講義はなくなったので、～」（『上』p.89）→ "大学被迫关门后没有课上了，～"（p.55）。「しゃべり方が変わってるなんて言われたのは本当にそれがはじめてだったのだ。」（『上』p.113）→ "说话方式被人说是与众不同，这还真是第一遭。"（p.70）。「そう言われると私、それ以上何も言えなかったわ。」（『下』p.31）→ "被他如此一动，我不好再说什么了，～"（p.209）。「～、それが風に吹かれて山の斜面を彷徨していた。」（『下』p.40）→ "～、被风一吹，在山坡前彷徨不定。"（p.214）。
(6) 楊凱栄（1989） pp.55-56
(7) 中国語話者は連体修飾節内では受身形の使用が少ないことについては曹娜（2012）日本比較文化学会（2012.1.31）所収 pp.61-74 に言及がある。
(8) 藤田（2007）pp.57-61
(9) 張麟声（2001）p.123
(10) 張麟声（2001）p.131-135
(11) 楊凱栄（1989）p.167
(12) 藤田（2007）pp.105-115
(13) 藤田（2007）pp.107-109
(14) 藤田（2007）pp.96-97
(15) 藤田（2007）pp.109-112
(16) 藤田（2007）pp.97-99
(17) 藤田（2007）pp.1-19
(18) 藤田（2007）pp.20-48
(19) 藤田（2007）pp.28-29
(20) 藤田（2007）p.30
(21) 藤田（2007）pp.92-94

〔引用文献・参考文献〕

楊凱栄（1989）『日本語と中国語の使役表現に関する対照研究』くろしお出版
藤田昌志（2007）『日中対照表現論―付：中国語を母語とする日本語学習者の誤用について―』白帝社
張麟声（2001）『日本語教育のための誤用分析―中国語話者の母語干渉20例』スリーエーネットワーク
曹娜（2012）「中国語話者による書き言葉における日本語の受身形の使用状況―構文上及び意味上の特徴に注目して―」日本比較文化学会（2012.1.31）所収
日本比較文化学会（2012.1.31）『比較文化研究』No.100

補足事項

　以上、村上春樹著『ノルウェイの森』とその中国語訳作品林少华译《挪威的森林》について4.1.1.1 受身（日）→非受身（中）（126 例。）（1.意訳（39）（4）2.非受身（=「する」（日））（32）、3.存在文（20）、4.主観転換（15）、5.状態補語（9）、6.非受身（中）=使役（7）、7."把"字句（4））、4.1.1.2 非受身（日）→受身（中）（17）について考察した。今回の考察によって、印象的であるのは、日本語表現の方が中国語表現に比べて受身表現が多く、受身（日）→非受身（中）（126 例）が非受身（日）→受身（中）（17）より圧倒的に多いことである。また、受身（日）→受身（中）（123）に対して、受身（日）→非受身（中）（126）と、受身（日）の半分が受身（中）、もう半分が非受身（中）になることが判明した。（2011.12.18 日中対照言語学会冬季大会での当方の発表「受身表現について―日本語との対照から見た考察―」は、3 種類の現代小説とその中国語訳を調べた結果、受身（日）→受身（中）（320）に対して受身（日）→非受身（中）（647）という結果が出ている。受身（日）→受身（中）の倍以上の数が受身（日）→非受身（中）となっている。）今回と（2011.12.18 下記の　参考資料　参照）との相違は、今回の『ノルウェイの森』の場合は受身（日）→受身（中）が123／249=49.4%　であるのに対して、（2011.12.7）では受身（日）→受身（中）が320／967=33%　であることである。この相違は①翻訳者、林少华氏が原文に忠実に「直訳」する傾向が、相対的に他の翻訳者が他の作者の作品（日）を翻訳する場合より顕著であること②村上春樹の『ノルウェイの森』の文章が中国語に翻訳しやすい（=文章が平易）こと――に起因すると考えられる。②を裏付けるものとして、『ノルウェイの森』の場合は受身（日）→受身（中）が123／249=49.4%　であること=受身（日）→非受身（中）126／249=50.6%＜3 種類の現代小説の場合は受身（日）→非受身（中）647／967=67%と、受身（日）を非受身（中）に転換（日→中）しなければならない手間、煩雑さ、難しさが 16.4% も低いことが挙げられる。この問題は日中対照表現の全体的傾向と個々の作品の個別的傾向についての示唆的なことがらを象徴的に教えてくれている。（中国語（や外国語）に翻訳しやすい日本文学作品とそうでない日本文学作品がある。）

また、言語教育面から考えると、日本語話者中国語学習者は今回の受身（日）→非受身（中）（126 例）に留意すべきであるし、受身（日）が非受身（中）になる場合について、配慮のある中国語教育が行われるのが望ましい。また、逆に、中国語話者日本語学習者に対しても、非受身（中）が受身（日）になる場合について学習上の困難が顕著であることから、何らかの方策が講じられるべきであろう。受身（日）⇄非受身（中）は日本語話者中国語学習者、中国語話者日本語学習者双方の学習上の困難点であることを認識すべきである。

参考資料

日中対照言語学会第 26 回大会 （2011 年度冬季大会　2011.12.18（日）於大阪）口頭発表　藤田（2011.12.18）「受身表現について—日本語との対照から見た考察—」より

2. 受身（日）が受身（中）になる場合と非受身（中）になる場合
2－I. 受身（日）が受身（中）になる場合（320）

I	順位	中国語表現		『変』	『ホ』	『鹿』	計	%
受身（日）↓受身（中）	1	"被"字句	非"我被"型	52	13	97	162	50.6
	2		"我被"型	59	35	23	117	36.6
	3	意味上受身文		6	2	5	13	4
	4	"挨"		8	2	1	11	3.4
	5	"遭"		5	2	1	8	2.5
	6	"受"		1	1	3	5	1.6
	7	"让"		3	1	0	4	1.3
計				134	56	130	320	100

2−Ⅱ. 受身（日）が非受身（中）になる場合（647）

Ⅱ	順位	中国語表現	『変身』	『ホ』	『鹿』	計	％
受身 （日） ↓ 非受身 （中）	1	主客転換	40	48	89	177	27.4
	2	意訳	87	16	62	165	25.5
	3	〜される(日)→〜する(中)	57	10	50	117	18.1
	4	存在句型 "−着" 型	16	5	29	50	7.7
	5	その他	6	16	15	37	5.7
	6	不訳	12	6	17	35	5.4
	7	"把" 字句	3	8	15	26	4
	8	"有" 表現	3	2	5	10	1.6
	9	"举行"	1	2	7	10	1.6
	10	状態補語	2	2	4	8	1.2
	11	存在句型 非 "−着" 型	1	2	4	7	1
	12	"进行"	4	0	1	5	0.8
計			232	117	298	647	100

【用例採取書目】

東野圭吾（1998）『変身』 講談社 講談社文庫

赵峻译（2009）《变身》 南海出版公司

田村裕（2007）『ホームレス中学生』 ワニブックス

吴季伦译（2009）《无家可归的中学生》 上海译文出版社

万城目学（2007）『鹿男あをによし』 幻冬舎

涂愫芸译（2009）《鹿男》 世纪出版集团 上海人民出版社

第6章

加訳（日→中）再論
—接続詞（中）・副詞（中）の加訳（日→中）について—

キーワード：加訳（日→中）　接続詞（中）・副詞（中）の加訳（日→中）　「文切り」　棲み分け

1　序

　「加訳（日→中）再論—接続詞（中）・副詞（中）の加訳（日→中）について—」は日本語表現が中国語表現になる場合、日本語表現にない接続詞（中）・副詞（中）が加訳（日→中）される場合について、三つの現代日本文学作品と対応する中国語訳本を資料として、その諸相を考察するものである。従来、こうした日中対照語学、日中対照表現論関係の研究はほとんど行われておらず、翻訳論の技術として断片的に述べられることはあっても、客観的に接続詞（中）・副詞（中）のどのようなものが頻度が多く加訳（日→中）されるかといったことには研究が及んでいない。それは日本語話者対象の中国語教育に資するところも多く、今後、より深化させていく必要のある研究の一つであると考えられる。

2　先行研究と研究方法について

　拙著（2007）『日中対照表現論—付：中国語を母語とする日本語学習者の誤用について—』白帝社刊（以下、拙著（2007）と略す。）では、第一章　加訳（日→中）について[1]で二、「数詞"一"＋量詞」の加訳、三、指示代詞の加訳、四、「具体性」の加訳—について考察した後、五、より言語習慣上の理由が色濃い加訳として"不由得""再説""竟"などを取り上げて考察した。（「言語習慣上の理由が色濃い」と言う言い方は適切ではないかもしれない。）「そのほか、加訳（日→中）を必要とする語が多数、存在するであろうが、それについては今後の研究課題としたい」[2]と述べたが、今回は三冊の日本現代小説（いずれもベス

トセラー作家の作品）とその中国語訳を資料として、主として副詞、接続詞の加訳（日→中）の実態について考察してみたい。

　三冊の日本現代小説とその中国語訳は以下のものである。いずれもベストセラー作家の作品であることから選定した。①東野圭吾（2009）『悪意』講談社　講談社文庫／娄美莲译（2009）《恶意》南海出版公司②道尾秀介（平成21）『向日葵の咲かない夏』（=『向』）新潮社　新潮文庫／于彤彤（2009）《向日葵不开的夏天》（=《向》）新星出版社③村上春樹（2010）『ノルウェイの森』（=『ノル』）（上）（下）講談社　講談社文庫／林少华　（2010）《挪威的森林》（=《挪威》）上海译文出版社。

　拙著（2007）で取り上げた"不由得"や"再说"がさほど多くなく、"于是""一直""其实""竟"（"竟然"）"然后""实在"などの頻度数が今回、調べた結果では高かった。今後、さらに別種の小説や異なったジャンルのものについて調べていく必要があるであろう。「理」性的認識によるものではなく、具体的「事実」についての考察である。「文法」に対する、「表現」の頻度数を中心とした考察と言ってもよい。事例研究の一つとして位置づけられる。

　次に3　各冊の副詞、接続詞関係の加訳（日→中）の特徴、4　三冊全体の副詞、接続詞関係の加訳（日→中）の特徴、5　結語の順で考察していくことにする。

3　各冊の副詞、接続詞関係の加訳（日→中）の特徴

3.1　『悪意』→《恶意》についての副詞、接続詞関係の加訳（日→中）の特徴

　『悪意』→《恶意》における副詞、接続詞関係の加訳（日→中）の頻度別ランキングは以下のものである。

順位	加訳（日→中）された副詞、接続詞	数
1	一直（副詞）	24
2	竟然（12）竟（5）（副詞）	17
3	于是（接続詞）	11
4	突然（副詞）	10

5	终于（副詞）	8
6	确实（副詞）	6
6	反正（副詞）	6
6	其实（副詞）	6
9	实在（副詞）	5
9	毕竟（副詞）	5

　全体のランキングに関係のある"其实"は6位で、"实在"は9位であった。"然后"（接続詞）は11位以下で4例であった。
　1位"一直"（24。（　）内の数字は用例数を表す。以下同じ。）については、意味的には基本的に㋐空間的連続（ex.「まっすぐに〜する。」）㋑時間的連続（心理、動作、状態が途切れないこと。）の二つに分けられるが、《悪意》においてはすべて㋑時間的連続の例（24）であった。㋐空間的連続は0例であった。㋑時間的連続の例（24）のうち"一直"の後の動詞は心理動詞関係が8例あった。"觉得"（2例）"忘记""想""期盼""心存恐惧""以为""认为"（すべて1例）がそれであり、具体例には次のようなものがある。

　（1）「だが私は正直なところ、犯人は彼ではないかと疑っている。」（『悪意』
　　　p.62）
　　　"老实说，我一直觉得凶手应该是他。"（《悪意》p.62）

　この場合、日本語にはない副詞"一直"が加訳（日→中）されている。
　2位"竟然"（12）、"竟"（5）（＝計17）は「（思いがけない状況が発生した場合の）意外にも、なんとこともあろうに」という意味を表し、"竟"の同義語として"居然"や"竟然"がある[3]。"竟"（5）より"竟然"（12）の方が2倍以上、使用されているのは注意を引くが、後に続く動詞（中）には"是"や"发现""提出""利益""会有""成为"など静的（状態的）動詞が多いように見受けられる。もっとも次の例などは「なる」的表現（日）を「する」的表現（中）にするものである。「ああ、そうなんですか。ねえ、びっくりしますものねえ。

あの子たちがあんなことに…。わからないものですよねえ。」(『悪意』p. 290)→"哦，是这样啊？是呀，我吓了一跳，那个孩子竟会做出… 我真是无法理解"(《悪意》p.212)。この場合、「意外性」を明示的に表現しない日本語と明示的に表現する中国語という考えかたもできるが、そもそも「意外性」というモダリティ（話者の心的態度）をどのようにとらえるか、何を「意外性」ととらえるかということに関する両言語間のずれが存在すること、そのずれの実態を今後、究明する必要がある。

3位"于是"(11)は《向》では1位(31)で《挪威》でも1位(26)の接続詞である。詳しくは 4　三冊の翻訳本全体の副詞・接続詞関係の加訳（日→中）の特徴　で述べたい。

3.2　『向日葵の咲かない夏』(=『向』)→《向日葵不开的夏天》(=《向》)についての副詞、接続詞関係の加訳（日→中）の特徴

《向日葵不开的夏天》(=《向》)における副詞・接続詞関係の加訳（日→中）のランキングは以下のようなものである。

『向』→《向》における副詞、接続詞関係の加訳（日→中）の頻度別ランキング

順位	加訳（日→中）された副詞、接続詞	数
1	然后	31
2	究竟	28
3	于是	24
4	一直	21
5	实在	19
5	其实	19
7	终于	13
8	突然	6
…	…	…
	竟然	3

第6章　加訳(日→中)再論—接続詞(中)・副詞(中)の加訳(日→中)について—　121

　1位"然后"(31)は《向》の特徴で、《悪意》では9位以下(4)、《挪威》では6位以下(4)で、《向》でだけ著しく多用されている接続詞である。この訳者は非常に時間的順序にこだわり（日本語では明示されていない）、"然后"の加訳(日→中)を多用している。以下はその典型例である。

　　(2)「僕は、死んでからも、あいつにおかしなことをされているんだ。両足をばきばき折られているかもしれない。口に石鹸が詰め込まれているかもしれない。」(『向』p.198)
　　　"我都已经死了，可那家伙还在我身上干一些古怪的事情。可能把我的腿折断了，然后还在我的嘴里塞了块香皂。"(《向》p.145)

　2位"究竟"(28)は日本語が「何」「どう」「どこ」「どんな」「どうして」「どういう」を含む表現である場合に加訳(日→中)されることが多い。(ex.「先生は何を言っているのだろう。」(『向』p.48)→"岩村老师究竟在说些什么啊！"(《向》p.33)。)
　3位"于是"(24)は既述のように、《悪意》で3位(11)、《挪威》で1位(26)で、三冊ともに高ランキングの接続詞である。24例中、日本語が1文であるのに中国語が2文であるものが3例あった。(ex.「何か別のことを考えて気持ちを落ち着かせようと、僕はシャープペンを取り出した。」(『向』p.9)→"总该想点儿别的什么事好让自己平静平静。于是，我拿出自动铅笔，～"(《向》p.6))。『悪意』→《悪意》ではそうした例は皆無であった。
　4位"一直"(21)のすべてが時間的連続を表すもので、空間的連続を表す"一直"の加訳(日→中)は0例である。
　5位"实在"(19)の加訳(日→中)は「強調」の意の「本当に」の意味のものがほとんどである。(ex.「申し訳ありませんでした。～」(『向』p.150))→"唉呀，实在是太抱歉了。"(《向》p.109。)少なくとも「上文への反対」の意のものは0例である。同5位の"其实"(19)の加訳(日→中)は16例が「修正、補充」の意のものである。(ex.「違和感。そうじゃない。～」(『向』p.195)→"有什么东西不对劲儿，其实也不是。"(《向》p.143。)

3.3 『ノルウェイの森』(=『ノル（上）（下）』)→《挪威的森林》(=《挪威》)についての副詞、接続詞関係の加訳（日→中）の特徴

《挪威的森林》(=《挪威》)における副詞、接続詞関係の加訳（日→中）の頻度数ランキングは以下のものである。

『ノルウェイの森』(=『ノル（上）（下）』)→《挪威的森林》(=《挪威》)における副詞、接続詞関係の加訳（日→中）の頻度別ランキング

順位	加訳（日→中）された副詞、接続詞		数
	（上）	（下）	
1	于是 18	9	27
2	其实 11	13	24
2	居然 9	15	24
4	竟 7 竟然 2	4 1	14
5	结果 4	9	13
6	不由 3 不由得 1	5 1	10
･･･	･･･	･･･	･･･
	然后 1	3	4
	一直 2	2	4
	实在 3	1	4

1位"于是"(27)の加訳（日→中）については日本語が1文であるのに中国語が2文になり"于是"が加訳（日→中）されるものが27例中、6例あった。日本語が長い1文の際、中国語"于是"で文を切って2文にする、つまり"于是"には長い文を切る役割があるようにも考えられる。次はその例である。

(3) あなたはいつも自分の世界に閉じこもっていて、私がこんこん、ワタナベ君、こんこんとノックしてもちょっと目を上げるだけで、またす

第 6 章　加訳（日→中）再論―接続詞（中）・副詞（中）の加訳（日→中）について―

ぐもとに戻ってしまうみたいです。(『ノル』(下) p.213)

"你总是蜷缩在你自己的世界里，而我却一个劲儿"咚咚"敲门，一个劲儿叫你。于是你稍稍抬一下眼皮，有即可恢复原状。"《挪威》p.325)

日本語が 2 文で中国語が 1 文になるものは 24 例中、1 例もない。

　同数 2 位 "其实"（24）は「補充」の意味のものが 23 例（ex.「シェークスピア以外の人の名前は聞いたことがないな、と彼は言った。僕だってほとんど聞いたことはない。」(『ノル』上) p.33)→ "他说，除莎士比亚外都没听说过。其实我也半斤八两，～　"(《挪威》p.20)。))、「反論」の意味のものが 1 例あった。(ex.「訊くったってたいしたこと訊かないわよ。～」(『ノル』(下) p.276) → "说是询问，其实也没深入问什么。"(《挪威》p.365。)

　同数 1 位 "居然"（24）は 4 位 "竟""竟然"（14）の同義語、類義語である[(4)]。一応、別々にしておくが、意味的に同様のもの＝「意外性」を表すからここでは一括して考える。《悪意》のところで述べたが《悪意》では "竟然"（12）＞ "竟"（5）であった。《挪威》では "竟"（11）＞ "竟然"（3）で、"竟" のほうが "竟然" の 3 倍以上使われている。"居然" については《悪意》は 0 例で《挪威》は 24 例あり、訳者の好み、もしくは訳者の世代間の相違が反映しているようにも思える。後続の動詞については "居然"（24）については静的動詞や（心理）状態を表す表現などが多く（ex.「(十五分) かかる」→ "花"、「わけがわからない」→ "莫名其妙"、「思いだす」→ "想起"、「(そういう) 考え方(できるのって)」→ "想"、「(縁側まで) あった」→ "有"、「(国家の庇護を) 受けることができまい」→ "享受不到" etc.)、"竟""竟然" についても「思い出す」→ "想起"、「発見した」→ "发现"、「不思議な気がした」→ "不可思议"、「与える」→ "满足"、「怒る」→ "发火"、「すがすがしく感じられた」→ "沁人心脾"、「いる」→ "呆" などといった静的動詞や（心理）状態を表す動詞が多いようである。

　5 位 "结果"（13）は《悪意》では 4 例で 11 位以下、《向》では 1 例で、きわめて少ない。また、6 位の "不由""不由得"（10）は《悪意》では 0 例、《向》では "不由自主地"(『向』p.10、《向》p.7) が 1 例あるだけである。訳者の表現の好みの反映であろうか。

4 三冊全体の副詞、接続詞関係の加訳（日→中）の特徴
4.0
4では三冊の総合によって副詞・接続詞関係の加訳（日→中）の頻度数のランキングを「暫定的」に決定し、その一つ一つについて考察を加えてみたい。三冊合計のランキングは次のようになった。

三作品の副詞、接続詞の加訳（日→中）使用頻度数ランキング

順位	加訳（日→中）された副詞、接続詞	数
1	于是	62
2	一直	49
2	其实	49
4	然后	39
5	竟（16），竟然（18）	34
6	实在	29

"于是"は『悪意』→《恶意》で3位（11）、『向』→《向》で3位（24）、『ノル』（上）、『ノル』（下）→《挪威》で1位（27）であるから三冊総合で1位である。結果に問題はない。"然后"が4位（39）となっているのは、ひとえに『向』→《向》で"然后"が1位（31）となっていることによるものである。「暫定的」にランキングを決定したというのはそうした面を考えてのことである。今後、事例研究的に、より多くの副詞、接続詞の加訳（日→中）例を収集して、客観性を高めていく必要がある。

4.1　1位"于是"の加訳（日→中）（62）の特徴
接続詞1位の"于是"(62)は辞書的には次のように説明されている。(2016)《现代汉语词典》（以下、(2016)《现汉》と略す。）では"表示后一事紧接着前一事，后一事往往是由前一事引起的"[5]（「後事が前事に密接に続いていて、後事はしばしば前事によって引き起こされることを表す。」）と説明している。伊地智善継編（2002）『白水社中国語辞典』白水社（以下、(2002)白水社と略す）で

第6章　加訳（日→中）再論―接続詞（中）・副詞（中）の加訳（日→中）について―　125

は（1）「'于是'は二つの動作の関係がそれほど緊密でなく、前の動作を受けて中間で一休みして次の動作に移るという気持ちがある」と説明されていて「'・・・,于是・・・'の形で幾つかの動作が継起することや前節で述べたことから後節で述べることが引き起こされることを示」し、日本語訳として「ここにおいて、そこで、それで」を提示している[6]。他の辞書も大体、同じ日本語訳をあてているが、内容説明では（2008）『超級クラウン辞典』三省堂（以下、（2008）三省堂と略す。）が 用法 として「前のことがらを受けてすぐに後文のことがらが起きるという意味をあらわす」[7] としているのは（2002）白水社の「中間で一休み」するという説明とは真っ向から対立した説明である。"于是"の加訳（日→中）の典型例とは次のようなものであろう。この例から上記の説明の対立について考えてみることにしたい。「冷蔵庫にビールが入ってるから、そこに座って飲んでくれる？」と緑がちらっとこちらを見て言った。僕は冷蔵庫から缶ビールを出してテーブルに座って飲んだ。」（『ノル』（上）p.139）→ ""电冰箱里有啤酒，坐在那里喝可好？"绿子眼睛朝我忽闪一下。我于是从电冰箱里拿出罐装啤酒，坐在桌前喝了起来。"（《挪威》p.88）。明示されていない限り「すぐに」「冷蔵庫から缶ビールを出し」たとは考えにくいであろう。「おもむろに」「冷蔵庫から缶ビールを出し」たと充分、考えられる。もっとも（2002）白水社の「中間で一休み」してと言うのも、「気持ち」であるから、より正確には"于是"の機能は前と後ろの間の「区切り」のような感じを表すのであろう。それは「文を切る」ようなものになる場合もあるであろう。特に長い文の多い日本語を中国語に翻訳する際には"于是"の「区切り」「文切り」の機能は効果を発揮する。日本語が1文であるのに、中国語が"于是"を挟んで2文になる場合は《向》で3例（"于是"加訳（日→中）の全体24例）、《挪威》で6例（"于是"加訳（日→中）の全体27例）あった（《悪意》は0例（"于是"加訳（日→中）の全体11例））が、それはそうした"于是"の「文切り」機能のによって中国語が2文になったものであろう。（ex.3.2の《向》の例、3.3の《挪威》の例を参照のこと。）

　逆に日本語が2文で中国語が1文になる場合が《向》に1例だけあった。次のような例である。「―でも、お巡りさんといっしょに駆けつけたとき、僕の

家の中に、一見おかしなところはなくて、ミチオ君の話は何かの間違いだったんじゃないかということになればどうだろう。岩村先生はお巡りさんの目の前で、べたべたと、いろんなところに触ることができる。」(『向』p.122)→ "可是，如果警查到了我家时发现家里没有什么异常，那么警查就会怀疑道夫君你说的话是不是可能有错误，于是岩村老师就可以当着警查的面在这屋子里面摸来摸去留下自己的指纹了。"(『向』p.88)。これはあまりいい中国語訳とは言えないであろう。なぜなら"于是"の前が非常に長いのであるから、やはり"于是"の前で一端、文を切って"于是"に続けるのが中国語としては自然であろう。この場合は前が長いので「区切り」または「「文切り」」としての"于是"の機能の方が（翻訳上にしろ）中国語として自然なように思われる。

4.2　2位"一直"の加訳（日→中）(49) の特徴

2位の副詞"一直"は (2016)《現漢》では①"表示顺着一个方向不变。"(「一方向に沿って変わらない」) ②"表示动作始终不间断或状态始终不变。"(「動作がずっと絶え間がないこと、あるいは状態が絶えず変わらないことを表す」) ③"强调所致的范围"(「指している範囲を強調する)[8]と説明している。(2002)白水社では1.（一つの方向に向かって曲がらないで）まっすぐに、一直線に、ずっと 2.（肯定文・否定文に用い；過去から現在、または現在から将来まで動作、状況が終始途切れず）絶え間なく、ずっと[9]と説明されている。㋐空間的連続（ex.「まっすぐに～する。」）㋑時間的連続（心理、動作、状態が途切れないこと。）と 3.1 の 1 位"一直"のところで述べたが、(2008)三省堂や (1998)『講談社中日辞典』（以下、(1998)講談社と略す。）、(2004)『東方中国語辞典』東方書店（以下、(2004) 東方書店と略す。）を見ても、この㋐㋑（㋒として「範囲」を強調する場合（ex."从小孩一直到老人都非常激动。"）を (1998) 講談社、(2008) 三省堂は挙げるが、今回の 3 冊を調べた結果では「範囲」の強調は 0 例であった」）を基本義として考えてよいであろう。

《悪意》では㋑の時間的連続が 24 例（全体 24 例）、《向》では㋑が 21 例（全体 21 例）（ともに㋐は 0 例）、《挪威》では㋐の空間的連続は 1 例、㋑の時間的連続は 3 例（全体 4 例）という結果になり、<u>圧倒的に㋑の時間的連続の意味の</u>

"一直"の加訳（日→中）が多かった。(ex.「僕たちは、Ｓ君の身体が消えた謎について、本人に訊きさえすればすべてかいけつするとかんがえていたのだ。」(『向』p.108) →"我们原本一直以为，只要询问他本人，Ｓ君身体消失之谜就会全部真相大白的。"(《向》p.79)。)

"一直"の後の動詞については《悪意》では全体24例の"一直"の加訳(日→中)の中の８割が心理動詞であったが（3.1 で既述)、《向》では全体21例の"一直"の加訳（日→中）の中の３例（"以为""着想""想"）が心理動詞であった。《挪威》（全体４例）については後続の心理動詞は０例であった。

4.3　２位"其实"の加訳（日→中）(49) の特徴

　２位の副詞"其实"（49）の辞書的意味は（2016）《現漢》では"表示所说的是实际情况（承上文，多含斩折意）"[10]「言っていることが実際の状況であることを表す（上文を承けて転折の意味を含むことが多い）」と説明している。(2002) 白水社は 1.（前節で述べた内容と衝突する場合)「その実」「実は」「実際は」2.（上文・前節で述べた内容に対し修正・補充をする場合)「本当は」「実のところ」「とは言うものの」[11] —と説明する。(2008) 三省堂は「実際には」「実は」[12] とし、(1998) 講談社は 類義語 の項で"其实"は「前文を承けてそれに対する反論・修正・補充を加える。多く逆説の気持ちを持つ」[13] とする。(2004) 東方書店は「動詞または主語の前に用い、前文の意味と相反するか、修正・補充する働きがある」と[14] 説明している。

　実際には３作品の"其实"の加訳(日→中)数と内容を記すと、《悪意》は修正・補充が５例(ex.「(注：日高という友人は)すごくいい人間だと思うこともあれば、結構冷酷なところもあって驚いたりした。まあ大抵の人間はそうなのかもしれないけど」(『悪意』p.46) →"有时你会觉得他为人很好，不过他也有冷酷得令人惊讶的一面，其实大部分的人都是这样吧？"(《悪意》p.33))、反論が１例(ex.「いじめですか。ありましたね。最近になってマスコミが騒いでるけど、あんなもの昔からありました。」(『悪意』p.284) →"你是说校园暴力事件？有啊。最近媒体才大肆报道，其实这种事早就有了。"(《悪意》p.208))（全体６例）であった。《向》は修正・補充が18例、反論が１例（全体が19例）で、《挪威》は修

正・補充が（上）11例、（下）12例、反論が（下）1例（全体が24例）であった。圧倒的に修正・補充の加訳（日→中）が多い。実際には修正と補充が区別が難しい場合もあるので、修正と補充を分けず、便宜上、ワンセットとして数えた。また、3.2で挙げた"其实"の修正・補充の意の例である「違和感。そうじゃない。～」（『向』p.195）→"有什么东西不对劲儿。其实也不是。"（《向》p.143）も反論ともとれないこともない。全体的には（1998）講談社の説明のように「逆接の語気を持ち」、（2016）《現漢》の説明のように「実際の状況」を表すとし、それが修正・補充・反論の意味を持つが、修正・補充の意味が反論の意味をあらわす場合よりずっと多いと考えるのが、今回の三冊を調べた結果では妥当と言えるようである。

　最後に補充の加訳（日→中）例を挙げておく。実際例を見ると、修正より補充の方がずっと多いようである。「「ねえ、トコお婆さん。あれやってくれないの？」ミカが言う。僕もちょうど、同じことを言い出そうとしていたときだった。」（『向』p.228）→"所婆婆呀，你做做那个好吗？美加说。其实我也想提出同样的请求。"（《向》p.169）、「その週の半ばに僕は手のひらをガラスの先で深く切ってしまった。レコード棚のガラスの仕切りが割れていることに気がつかなかったのだ。」（『ノル』（下）p.108）→"这星期刚过一半，手心被玻璃片划了一道很深的口子。其实唱片架上的一坡玻璃档格早已经打裂,而我没注意到。"（《挪威》p.25）。

4.4　4位"然后"の加訳（日→中）（39）の特徴

　4位の副詞（・接続詞）"然后"（39）の辞書的意味は（2016）《現漢》では"表示一件事情之后接着又发生另一件事情"[15]（ある事柄の後に、別の事柄がつづいて起こることを表す）とある。(2002)白水社は「（'先…,然后又…了''先…,然后再…'などの形で用い）それから、しかる後、その上で」[16]としている。日本語訳しか挙げていない。（2008）三省堂も「その後、それから」[17]、（1998）講談社も「それから、そのうえで」[18]、（2004）東方書店も① 副　～して② 接　それから、その上で」[19]と同様に日本語訳しか挙げていない。(2016)《現漢》が大雑把に意味を説明しているぐらいである。"然后"については「"接着"（引

第6章 加訳(日→中)再論―接続詞(中)・副詞(中)の加訳(日→中)について―

き続いて)別の事が起こる」ということが重要で、そうでない「前にあることが発生したあと出現した状況」を表す場合は"后来"などを使用しなければならないと説明するもの(ex."起先她不愿意跟他结婚, 不知怎么搞的, 他们又生活在一起了。然后(×→后来)他们生活得十分美满。")もあるが不明瞭な説明である[20]。

　《悪意》で"然后"の加訳(日→中)の使用例は4例、《向》は31例、《挪威》は4例と、<u>《向》が圧倒的に多い</u>。明らかに《向》の訳者の嗜好性、癖によるものであるが、3作品の加訳(日→中)使用例の合計数によってランキングを今回は決定しているので、全体で4位という結果になった。

　《悪意》《挪威》ではともに0例であるのに、《向》だけ5例見られたものに、<u>日本語が2文であるのに中国語が1文になり"然后"が加訳(日→中)される場合がある。</u>(逆に日本語が1文で中国語が2文になる例は三冊ともにない。また、日本語が2文で中国語も2文となり、間に"然后"があるものが3例あった。)"于是"の加訳(日→中)のことを考えれば、"于是"は「区切り」(「「文切り」」)の機能を持っていたが、"然后"は日本語が1文で中国語が2文になる例が皆無(三冊ともなし)であるから、「区切り」「「文切り」」の機能は持っていないことになるであろう。では、日本語が2文であるのに、中国語が1文となる"然后"が加訳(日→中)された《向》の5例をどう考えたらいいのであろうか。3.2で(2)として挙げた例は訳者が「時間的な順序」に非常にこだわって"然后"を加訳(日→中)した例であるが、この(2)は日本語が2文であるのに中国語が1文である例でもある。他の<u>4例(日本語が2文で中国語が1文)を考察すると</u>、いずれも日本語には明示的な表現のない時間的順序の表現を中国語では"然后"を加訳(日→中)して表現したものである。(ex.「玄関へ向かう。靴を履き、ドアをあける。首を上に向ける。」(『向』p.297)→"向玄关那里走去, 穿上鞋, 打开门, 然后抬起头。"(《向》p.218)。)訳者の「時間的順序」の表現を明示することへのこだわり、癖による"然后"の加訳(日→中)であると考えられる。

4.5　5位"竟""竟然"の加訳（日→中）（34）の特徴

　5位の副詞"竟""竟然"（34）の辞書的意味は（2016）《現漢》では"表示出乎意料"（意外なことを表す）[21]とする。(2002)白水社では"竟"は「（思いがけない状況が発生した場合の）意外にも、なんと、こともあろうに」という意味を表し、同義語、類義語として"居然""竟然"があるとする[22]。(2008)三省堂は"竟"には「意外にも」、"竟然"には「なんと意外にも」の日本語をあて、"居然"と同じとし[23]、(1998)講談社[24]、(2004)東方書店[25]も同様の日本語訳「意外にも」「なんと」「驚いたことに」「あろうことか」などをあてている。

　《悪意》では"竟"は5例、"竟然"は11例、合計16例の加訳（日→中）例があり、第2位であった。また、《向》では"竟"は0例、"竟然"は3例、合計3例で9位以下であった。《挪威》では"竟"は11例、"竟然"は3例、合計14例で第4位であった。

　"竟"の加訳（日→中）には次のような例がある。「一年や二年の数学がわかっていない者が、三年になって突然理解するということはありえない。～」（『悪意』p.319）→ "连一二年级的数学都不会的家伙，升三年级后竟突然开窍了？"（《悪意》p.234）。次は"竟然"の例である。「僕らは立ちあがって外に出て深呼吸をした。新宿の町の空気がすがすがしく感じられたのはそれが初めてだった。」（『ノル』（下）p.161）→ "两人欠身离座，到外面深深吸了口气。新宿街头的空气竟然如此沁人心脾，这在我还是第一次感觉到。"（《挪威》p.292）。「意外性」については意味面で日本語と中国語でズレがある。また、統語面（形式面）でのズレもある。文体論的にはこの場合、日本語では表現せず、また表現すれば「言わずもがな」の感のある「意外性」を中国語では明示的に"竟"で表現していると言える。

4.6　6位"实在"の加訳（日→中）（29）の特徴

　6位の副詞"实在"（29）の辞書的意味は（2016）《現漢》では"②副　的确：～太好了／～不知道。③其实：他说他懂了，～并没懂。"[26]と"的确"や"其实"と同じであるとしている。(2008)三省堂は「実際は、実は」と日本語訳を挙げ[27]、

(1998)講談社は「①実に、本当に②実は、実際は」と日本語訳を挙げている[28]。(2004)東方書店も同様に「②確かに、本当に③実際には」と日本語訳を挙げる[29]。(形容詞としての"実在"(ex."他有实在的本领。")(彼は本物の力を持っている。)は含まない。)(2002)白水社は「2.副　（誰が何と言っても事実であることを強調し）本当に、全く、誠に」とし"我～不知道。"=「私は本当に知りません/"我～支持不住。"私は全く我慢できなくなった」/"～说"=「正直に言うと、本当のことを言うと」、"～遗憾"=「本当に残念です」、"～抱歉"=「本当に申し訳ありません」という例を挙げる。また3.上文への反対・補充として「実際は、その実」の日本語訳を示し、例として"他说是他懂了，～并没懂。"=「彼はわかったと言っているが、実際はわかっていない」を挙げる[30]。

　《悪意》では"実在"の加訳（日→中）例は5例であり9位、《向》では19例で5位、《挪威》では14例で7位以下である。

　(2016)《現漢》が"③副 其实"と、"实在"と"其实"を同義語としているのは注意を引く。4.3で既述のように"其实"は上文、前節の修正・補充の意の加訳（日→中）が実際の例では反論の意より圧倒的に多いが、日本語としては「その実、実際は」などが相当する。(2016)《現漢》が"实在"について"实在"="③副"其实""とするのはその意味（=「その実、実際は」）であろう。しかし"实在"="②副"的确""とするように"的确"と"实在"が同義でもあるとするのは"的确"="完全确实；实在"[31]、"确实"="完全对客观情况的真实性表示肯定"[32]（=「客観状況の真実性に対して完全に肯定を表す」）。つまり、"的确"="实在"="确实"の場合があるということであり、この場合、「強調」の意の「本当に」が日本語訳として適切であるとも考えられる。実際、"实在"の加訳（日→中）は「実は」という修正・補充（・反論）の意味以外に「強調」の意とも取れるものが圧倒的に多いのである。以下はその例である。「外で会うというのは危険でした。」(『悪意』p.208)→"在外面幽会实在太危险，"(《悪意》p.153)、「ミチオ君―申し訳ないが・・・」(『向』p.370)→"道夫君-实在是对不住・・・"(《向》p.274)、「いいわけするんじゃないけど、辛かったんだよ」と僕は直子に言った。(『ノル』（上）p.229)→"不是我狡辩，我实在痛苦。"我对直子说，～(《挪威》p.147)。こうした例を見ると、加訳（日→中）

の場合、"其实"と"实在"の棲み分け、使い分けがあるのではないかという仮説を立てることが可能なように思えてくる。"其实"は修正・補充（・反語）に使用され、"实在"は"的确"と同義で、「強調」の意味として使用されるということである。既述の『ノル』（上）3例、『ノル』（下）1例、計4例、《悪意》5例、《向》19例はすべて「強調」の意味で使用されている。(2016)《現漢》からもそのことは一定程度、言えるのではないかと思う。

5　結語

　以上、「加訳（日→中）再論」として副題のように接続詞（中）副詞（日）の加訳（日→中）について考察してきた。「村上春樹『ノルウェイの森』と林少华译《挪威的森林》」で"于是"の加訳（日→中）が多いことに触発されて、本章の考察、作成を行った。日本現代文学の3作品について考察を行った結果、"于是"の多用や時間的連続の意味の"一直"の加訳（日→中）の多さ、"其实"と"实在"の棲み分けについての仮説など、実り多い結果が得られた。後続の日中対照表現の研究者が更に他のジャンルや他の小説について事例研究を行い日中対照表現論の研究を推動されることを願って擱筆したいと思います。筆者は素朴な疑問を研究にまで高めることの重要性を具体的に提示しえたものと考えています。

　　［付記］本章は日中対照言語学会第34回大会（2015年度冬季大会）(2015年12月20日(日)
　　　　　於大阪）で発表した内容に基づいて作成したものであることを付言しておく。

〔注〕
(1) 拙著（2007）pp.1-19
(2) 拙著（2007）p.16
(3) 伊地智義継編（2002）『(2002)白水社中国語辞典』白水社　p.696
(4) （2002）白水社 p.696
(5) （2012）《現漢》p.1594
(6) （2002）白水社 p.1849
(7) （2008）三省堂 p.1367
(8) （2016）《現漢》p.1540
(9) （2002）白水社 p.1758

第 6 章　加訳 (日→中) 再論―接続詞 (中)・副詞 (中) の加訳 (日→中) について―　133

(10)　(2016)《現漢》p.1024
(11)　(2002)　白水社 p.1081
(12)　(2008)　三省堂 p.866
(13)　(1998)　講談社 p.1237
(14)　(2004)　東方書店 p.1039
(15)　(2016)《現漢》p.1090
(16)　(2002)　白水社 p.1172
(17)　(2008)　三省堂 p.926
(18)　(1998)　講談社 p.1324
(19)　(2004)　東方書店 p.1093
(20)　呂才楨等著　荒屋勧編訳（昭和 61）『日本人の誤りやすい中国語表現　300 例』光生館　p.119）
(21)　(2016)《現漢》p.694
(22)　(2002)　白水社 p.696
(23)　(2008)　三省堂 p.577
(24)　1998）講談社 p.847
(25)　(2004)　東方書店 p.704
(26)　(2016)《現漢》p.1187
(27)　(2008)　三省堂 p.1008
(28)　(1998)　講談社 p.1435
(29)　(2004)　東方書店 p.1181
(30)　(2002)　白水社 p.1284
(31)　(2016)《現漢》p.279
(32)　(2016)《現漢》p.1087

〔引用文献・参考文献〕
藤田昌志（2007）『日中対照表現論 - 付 : 中国語を母語とする日本語学習者の誤用について -』　　　白帝社
伊地智善継編（2002）『白水社中国語辞典』白水社
社会科学研究院語言研究所編集（2016）《現代漢語詞典》（第 7 版）商務印書館
古川裕、白井啓介、代田智明、費錦昌、松岡榮志、樋口清著（2008）『超級クラウン辞典』　　　　　　　　　　　　　　　　　　　　　　　　　　　　　　　　　三省堂
相原茂（編集）（1998）『講談社中日辞典』講談社
相原茂、荒川清秀、大川完三郎編集（2004）『東方中国語辞典』東方書店

【用例採取書目】
東野圭吾（2009）『悪意』講談社　講談社文庫
婁美蓮译（2009）《恶意》南海出版公司
道尾秀介（平成 21）『向日葵の咲かない夏』（=『向』）新潮社　新潮文庫

于彤彤译（2009）《向日葵不开的夏天》（=《向》）新星出版社
村上春樹（2010）『ノルウェイの森』（=『ノル』）（上）（下）講談社　講談社文庫
林少华译（2010）《挪威的森林》（=《挪威》）上海译文出版社。

第7章

動作主中心表現と事物中心表現
—身体部分を含む表現について—

キーワード：動作主中心表現　事物中心表現　身体部分を含む表現　主要なものとそうでないもの

1　序

　日本語は「なる」表現が多く、中国語は「する」表現が多いように一般的には考えられている[1]ようである。たとえば「十日程すると丸山から呼出しの電話が掛かってきた。」→"过了十天之后，丸山挂来了传呼电话。"[2]などその例と考えられるが、日本現代文学の中国語訳作品を多く読んで日本語表現と中国語表現の対照を考察、分析していると、必ずしも日本語表現が「なる」表現が多く、対応する中国語表現が「する」表現になるとも言えない。むしろ身体部分を含む表現については日本語の方が「する」表現が多く、対応する中国語表現が「なる」表現が多いと言えるのではないだろうか。本研究の出発点はそうした素朴な疑問に端を発する。以下、日本現代文学作品とその中国語訳(いずれもベストセラーやベストセラー作家の作品）を調べて、この問題について考察、分析してみたいと思う。日中対照表現論の事例研究である。以下、各論に移る。

2　先行研究、着眼点等と研究方法について

　拙著（2007）第四章　転換（日→中）について六、人（動作主）中心と事物中心では六—①事物中心（日）→人（動作主）中心（中）への転換、六—②人（動作主）中心（日）→事物中心（中）への転換[3]として、「する」表現と「なる」表現の中国語と日本語の関係について考察した。既述の「十日程すると丸山から呼出しの電話が掛かってきた。」→"过了十天之后，丸山挂来了传呼电话。"

は六―①の例であるが、六―②の例としては「〜初枝は鈍くなった。」→ "〜初江的臉紅起来了。"「彼は〜の住所をじっと見つめた。」→ "他的眼光死死地盯着。" などの例を挙げた。本章で扱うのは六―①や六―②といった表現の諸相であるが、身体部分を含む表現については六―①のような表現関係より六―②のような表現関係の方が多いと言える。これについては3で具体的に述べることにする。

　以上の拙著（2007）の先行研究以外に、身体部分を含んだ中国語表現を「非言語コミュニケーション表現」の感情コードの面から具体的に記述した研究に奥田（1997）『中国人の非言語コミュニケーション』東方書店がある。（以下、奥田（1997）と略す。）奥田（1997）では第3章「中国人の「非言語コミュニケーション表現」とその感情コード―実際例を中心に」(p.75) として、その中の3.「感情コードを持つ「非言語コミュニケーション表現」の実際」(pp.81-132) で「中国語の「非言語コミュニケーション表現」の感情コードを「身体部位別」に項目をたて具体的に記述し」[4]ていき、"头""头发""胡子""眉毛""眼睛""鼻子""嘴唇""舌头""肚子""膝盖" などの身体部位についての記号的意味記述を行っている。たとえば "眼睛" を含む表現 "瞪眼"（目を大きく見開く、睨む）はa.怒りの時（67。数字は収録例文数＝出現回数を表す。以下同じ。）b.驚いたとき（20）c.焦っている時（4）という「非言語コミュニケーション表現」の感情コードを持つとし、それぞれ次のような例を挙げている。a.潘林气得一瞪眼，正要发言。〔战〕b.他会吓得瞪大眼睛，呆在那里掉了魂。c.战士们都急瞪两眼，呼呼地喘着粗气〔林〕[5]。これらの例のようにいつも a."气得" b."吓得" c."急" のような表現があって理解の助けとなるとは限らないが、理解の助けとなる表現がある場合が多い。つまりは身体部分を含んだ、喜怒哀楽を表すステレオタイプの中国語表現となり、文学的に見れば、型にはまった手垢のついた表現ということになって、とりわけ日本文学ではこうした表現を嫌うであろう。

　それはともかく奥田（1997）の次のような表現例に注目したい。"眉毛" を含む表現として "皱眉毛（蹙毛）"（眉を寄せる、眉をしかめる）を挙げて a.怒りの時（7）b.焦りの時（4）c.心配している時（2）d.不愉快なさま（2）e.困っているさま。f.精神的に辛い時。の例を提示しているが、a.怒りの時の例と

第7章　動作主中心表現と事物中心表現—身体部分を含む表現について—　137

して次のような例を挙げている。"她的漂亮的漆黒的眉毛还是皱着在一起，她的气还没有消尽。"〔暴〕⁽⁶⁾。これを日本語にすると次のようになる。「彼女はまだその美しい黒い眉をしかめていて、その怒りは収まっていなかった。」。筆者が動作主中心表現（日）→事物中心表現（中）と呼ぶのは、このような日本語表現と中国語表現の関係のことである。日本文学作品の身体部分を含む表現がどのような中国語表現と対応するのか今回は直訳の対応がある場合ではなく、動作主中心表現（日）→事物中心表現（中）、事物中心表現（日）→動作主中心表現（中）に限定して考察してみたい。それが本章の着眼点、考察個所である。（身体部分を含む表現がもっとも顕著に両言語表現の転換（日→中）の特徴が現れるのでそのようにした。）

　以下、3.では東野圭吾（2001）『悪意』、道尾秀介（平成20）『向日葵の咲かない夏』、村上春樹（2004）『ノルウェイの森（上）』、同（2004）『同（下）』、田村裕（2007）『ホームレス中学生』（いずれもベストセラー作品やベストセラー作家の作品）とそれらの中国語訳作品を資料として、身体部分を含む表現（日）がⅠ. 動作主中心表現（日）→事物中心表現（中）Ⅱ. 事物中心表現（日）→動作主中心表現（中）になる場合についてその諸相を考察していくことにする。本稿は理性的、理論的研究に対する、具体的事実の諸相を明らかにする事例研究のカテゴリーに含まれるものである。「理性」「理論」と「事実」両方の研究を行うことによって言語の研究は全きものになると考えられる。量的なものの順位、その表現の使用頻度、文法でなく表現の異動などの具体的事実を調べ、明らかにすることは、「理性」「理論」偏重を是正する上で極めて重要な研究であると考える。

3　動作主中心表現と事物中心表現
3.0　動作主中心表現と事物中心表現—身体部分を含む表現について—

　身体部分を含む動作主中心表現と事物中心表現は日本語と中国語で次のような関係が見られる。1. 動作主中心表現（日）→事物中心表現（中）2. 事物中心表現（日）→動作主中心表現（中）である。3. 動作主中心表現（日）＝動作主中心表現（中）、事物中心表現（日）＝事物中心表現（中）については別途、

考える必要がある。3.は直訳（日→中）に属するものである。今回は対象外とする。（数としてはもっとも多い。）今回の考察対象は1.と2.である。

3.1 東野圭吾（2001）『悪意』（=『悪』）→娄美莲译（2001）《恶意》（=《恶》）の場合

『悪意』→《恶意》では動作主中心表現と事物中心表現の関係はⅠ．動作主中心表現（日）→事物中心表現が18例、Ⅱ．事物中心表現（日）→動作主中心表現（中）が2例であった。身体部分を含む動作主中心表現、事物中心表現の身体部分別頻度数ランキングは次のようなものであった。

1.顔（Ⅰ.6例Ⅱ.0例　計6例）2.目（Ⅰ.4例Ⅱ.1例　計5例）　3.手（Ⅰ.2例Ⅱ.0例　計2例）3.指（Ⅰ.2例Ⅱ.0例　計2例）5.頬（Ⅰ.1例Ⅱ.0例　計1例）5.膝（Ⅰ.1例Ⅱ.0例　計1例）5.肩（Ⅰ.1例Ⅱ.0例　計1例）5.唇（Ⅰ.1例Ⅱ.0例　計1例）5.左脇腹（Ⅰ.0例Ⅱ.1例　計1例）

Ⅱ．事物中心表現（日）→動作主中心表現（中）は全体20例のうち、わずかに2例で、その他はすべてⅠ．動作主中心表現（日）→事物中心表現18例であった。少ないほうから見ていくと、Ⅱ．の2例とは次のようなものである。「加賀刑事の目が大きく見開かれた。」（『悪』p.108）→"加贺睁大眼睛，～"（《恶》p.81）、「彼が持った出刃包丁は、山岡の左脇腹に刺さった。」（『悪』p.325）→"他～, 掏出刀子刺向山冈的左下腹。"（《恶》p.239）。日本語の表現が「目」や「出刃包丁」という事物を中心として表現されているのに対して、中国語表現は"加贺""他"といった人が主語となった動作主中心表現となっている[7]。しかし、そうしたⅡはわずか2例しかなく、その他の18例は次のようなⅠ．動作主中心表現（日）→事物中心表現（中）である。以下、身体部分を含むⅠの表現を身体部分別に個別に具体的に見ていく。

Ⅰ-1.「顔」を含むⅠの表現例(6)（（　）内の数字は用例数を表す。以下同じ。）:「私の質問に、日高は顔をしかめて頷いた。」（『悪』p.11）→"日高眉头一皱，点了点头。"（《恶》p.6）。（「顔」が"眉头"になるのはよく見受ける）、「加贺

第7章　動作主中心表現と事物中心表現―身体部分を含む表現について―　139

刑事は少し不審そうな顔をした。」(『悪』p.58)→"加賀的表情有一点疑惑。"(《悪》p.42)、「加賀君には私が顔を歪めたようにしか見えなかったかもしれない。」(『悪』p.90)→"～也许加贺只看到我的脸歪了。"(《悪》p.68)、「「もう一つは」そういって彼は私の顔に視線を戻した。」(『悪』p.106)→"其二，他的视线移回我的脸上，"(《悪》p.79)、「私の質問に、篠田弓枝は少し心外そうな顔をした。」(『悪』p.160)→"我的问题让篠田弓江有些意外。"(《悪》p.119)、「彼女は白い顔ながら、(目の縁だけを赤くしていました。)」(『悪』p.217)→"他的脸色一片惨白,只有眼眶红着。"(《悪》p.159)。日本語表現は主語として「人」を持ってきているのに対して、中国語表現は"眉头""表情""脸""视线""问题""脸色"を中心とした、(それらを提題化したと言ってもよい)表現となっている。日本語には表現上、名詞のランキングがあること[8]、中国語にはそうしたランキングがなく"眉头"～"脸色"を主語の部分に持ってきて提題化することに制約がないことがこうしたⅠ．動作主中心表現(日)→事物中心表現(中)を多く生んでいるのではないかと考えられる。

Ⅰ-2.「目」を含むⅠの表現例(4)：「スタッフもレポーターも～、より劇的なシーンを撮ろうと、蛇のような目をあちこちに走らせているのが傍からもわかった。」(『悪』p.65)→"不过大家都心知肚明，为了获得比较耸动的画面，这些人的眼睛就像蛇一般四处扫视。"(《悪》pp.46-47)。この他「篠田弓枝は目を潤ませる気配を見せたが、～」(『悪』p.159)→"篠田弓江的眼睛有些湿润，～"(《悪》p.118)、「彼女は(白い顔ながら)目の縁だけを赤くしていました。」(『悪』p.217)→"(她的脸色一片惨白)，只有眼眶红着。"(《悪》p.159)、「日高理恵は～、手記のコピーに目を落とした。」(『悪』p.262)→"日高理惠(露出～的表情)，眼光停在复印的手记上，～。"(《悪》p.192)。やはり日本語の主語は「人」であるのに対して、中国語の主語は"眼睛""眼眶""眼光"といった「事物」である。

Ⅰ-3.「手」(2)「指」(2)を含むⅠの表現例：まず「手」には次のような用例があった。「彼女は～、口元を両手で覆ったまま、～」(『悪』p.29)→"她～，两手捂着嘴，～"(《悪》p.20)、「私は手の震えを止められぬまま、～」(『悪』p.232)→"我的双手无法控制地颤抖着，～"(《悪》p.169)。「指」を含むものは次の

ような用例である。「加賀刑事は~両手の指を組んだ。そして、両方の親指をくっつけたり、はなしたりした。」」(『悪』p.73)→"加贺~，十指交叠，两个拇指一会儿合拢，一会儿分开，~"(《悪》p.52)。中国語表現では"両手""双手""十指""拇指"が主語になることに何らの違和感もないようだ。

Ⅰ-5.「頬」(1)「膝」(1)「肩」(1)「唇」(1) を含む表現例があった。「迫田警部はほんの少しだけ頬の肉をゆるめた」(『悪』p.32)→"迫田警部脸上的肌肉稍微松弛了一些。"(《悪》p.22)。「床に膝をつくと同時に」(『悪』p.29)→"(理惠)~，就在膝盖碰到地板的同时，~"(《悪》p.20)。「私は肩の力を抜いた。」(『悪』p.108)→"我的肩膀完全瘫软了。"(《悪》p.81)。「彼は相変わらず冷たい笑みを唇に滲ませていた。」(『悪』p.222)→"~，他的嘴角依然挂着一抹冷笑，~"(《悪》p.162)。同様に日本語は動作主の「人」が主語であるが、中国語は"肌肉""膝盖""肩膀""嘴角"などの事物(=肉体部分)が主語や提題になっている。

3.2　道尾秀介(平成21)『向日葵の咲かない夏』(=『向』)→王彤彤译(2009)
　　《向日葵不开的夏天》(=《向》)の場合

『向』→《向》ではⅠ.動作主中心表現(日)→事物中心表現が34例、Ⅱ.事物中心表現(日)→動作主中心表現(中)が7例であった。身体部分を含む動作主中心表現、事物中心表現の身体部分別頻度数ランキングは次のようなものである。

　1.手(掌を含む)(Ⅰ.6例Ⅱ.2例　計8例) 2.身体(Ⅰ.6例Ⅱ.0例　計6例)　2.唇(Ⅰ.4例Ⅱ.2例 計6例) 4.眼(Ⅰ.4例Ⅱ.0例　計4例) 5.顔(Ⅰ.3例Ⅱ.0例　計3例) 6.口(Ⅰ.1例Ⅱ.1例　計2例) 6.足(Ⅰ.2例Ⅱ.0例　計2例) 6.眉(毛、間)(Ⅰ.2例Ⅱ.0例　計2例) 6.のど(仏)(Ⅰ.1例Ⅱ.1例　計2例) 10.姿(Ⅰ.0例Ⅱ.1例　計1例) 10.肩(Ⅰ.1例Ⅱ.0例　計1例) 10.頭(Ⅰ.1例Ⅱ.0例　計1例) 10.額(Ⅰ.1例Ⅱ.0例　計1例) 10.肘(Ⅰ.1例Ⅱ.0例　計1例)。

第7章　動作主中心表現と事物中心表現―身体部分を含む表現について―　141

Ⅰ．動作主中心表現（日）→事物中心表現（中）（34）について。

Ⅰ－1.「手」（掌を含む）を含むⅠの表現例（6）（Ⅰ.6例Ⅱ.2例　計8例）:「(岩村先生は) 両手を僕に向け（ぶるぶると首を振る。）」(『向』p.50) → "(岩村老师～,) 两手伸向我，(紧着摇头。) "(《向》p.35)、「お母さんは、ばんと音をさせて後ろの壁を掌で打った。」(『向』p.54) → "妈妈的手掌啪的一声重重地砸在墙壁上。"(《向》p.37)。その他として次のようなものがあった。「手にしたスプーンを宙に止め、～」(『向』p.70) → "拿在手里的汤匙也停在半空。"(《向》p.50)、「谷尾刑事は膝に手をあて、～」(『向』p.248) → "谷尾警官两手放在膝盖上，～"(《向》p.183)、「「岩村先生、けっこういろんなところに素手で触ってたもの。」(『向』p.121) → "岩村老师的手碰到了很多东西。"(《向》p.87)、「～両手で自分の左右の頬を摑む」(『向』p.455) → "～，双手捂着自己的脸。"(《向》p.333)。日本語の動作主中心表現は6例中、3例が「(掌、素手、両手) で」と「手段」を表す表現で、対応する中国語の事物中心表現は"手掌""手""双手"を主題化、提題化したものとなっている。その他は「(両手、手にしたスプーン、手) を」（日）という目的語を"两手""～汤匙"を主語化あるいは提題化した表現（中）にしている。

Ⅰ－2.「身体」を含むⅠの表現例（6）（Ⅰ.6例Ⅱ.0例　計6例）:6例中、「身体」を「こわばらせる、固くする、硬くする」という「身体」を含む表現（日）が3例あった。たとえば「美津江がぎくりと身体を硬くするのがわかった。」(『向』p.204) → "美津江看上去吃了一惊，身体僵硬起来。"(《向》p.149) といった例である。その他、「S君は、僕に身体の正面を向けたまま、～」(『向』p.23) → "S君的身体正面对着我，～ "(《向》p.16) といった例もあった。中国語表現では身体部分は主語化、提題化が可能である。

Ⅰ－2.「唇」を含むⅠの表現例（4）（Ⅰ.4 Ⅱ.2 計6例）:「唇の端を持ち上げる」が2例、「唇を震わせる」が同じく2例であった。次はその例である。「お母さんは～、唇の端を持ち上げた。」(『向』p.40) → "妈妈～，嘴唇的两端向上挑着,"(《向》p.28)、「お爺さんはきつく目を閉じて、唇を震わせた。」(『向』p.356) → "老爷爷痛苦地闭上眼睛，嘴唇颤抖着。"(《向》p.265)。

Ⅰ－4.「眼」を含むⅠの表現例（4）（Ⅰ.4例Ⅱ.0例　計4例）:「～眼で」

と「状態」としての「眼」の表現例が3例ある。ex.「お父さんは〜、血管の浮いた眼で真っ直ぐに僕を見ていた。」(『向』p.456)→"爸爸〜，布满血丝的双眼死死的盯着我。"(《向》p.334)。

Ⅰ-5.「顔」を含むⅠの表現例（3）（Ⅰ.3例Ⅱ.0例　計3例）:「(上体を起こし) 窓硝子に顔をつける」(『向』p.10)→"(我站起身来，) 脸贴着窗玻璃。"(《向》p.7)、「ものすごく怖い顔してさ。」(『向』p.113)→"他的表情太恐怖了。"(《向》p.82)、「顔を土にくっつけるようにして、〜」(『向』p.372)→"我的脸几乎要贴到地上了〜,"(《向》p.275)。中国語では身体部分の前に代名詞が来て、身体部分を修飾するのは普通のことである。

Ⅰ-5.「足」を含むⅠの表現例（2）（Ⅰ.2例Ⅱ.0例　計2例）: ex.「(注: 僕は) 足に力が入らず、〜」(『向』p.267)→"(我〜，) 双腿软绵绵的,〜"(《向》p.196)。

Ⅰ-6.「眉（毛、間）」を含むⅠの表現例（2）（Ⅰ.1Ⅱ.1 計2例）:「岩村先生はすっと眉毛の両端を下げ、〜」(『向』p.12)→"岩村老师挑起的眉毛两端一下子放松下来,〜"(《向》pp.8-9)、「〜、お爺さんは眉間に深い皺を刻む。」(『向』p.362)→"(老爷爷〜，眉间的皱纹加深了。)"(《向》p.269)。日本語では「動作主の眉（毛、間）は〜」という表現は好まれない。

Ⅰ-6.「のど（仏）」を含むⅠの表現例（2）（Ⅰ.1例Ⅱ.1例　計2例）:「喉仏をぐり、と一回動かして」(『向』p.214)→"〜，老爷爷的喉结，"咕咚"动了一下，〜"(《向》p.159)。

Ⅰ-8.「肩」を含むⅠの表現例（1）（Ⅰ.1例Ⅱ.0例　計1例）:「肩を震わせて」(『向』p.394)→"双肩颤抖，〜"(《向》p.289)。Ⅰ-8.「頭」を含むⅠの表現例(1)（Ⅰ.1Ⅱ.0 計1例）:「僕は〜と頭の隅で考えていた。」(『向』p.170)→"(我〜，) 在脑际却迅速掠过一个念头"(《向》p.122)。Ⅰ-8.「額」を含むⅠの表現例（1）（Ⅰ.1例Ⅱ.0例 計1例）:「谷尾刑事は額に深い皺を刻み〜」(『向』p.314)→"谷尾警官的额头上显露出一道深深的皱纹,"(《向》p.229)。Ⅰ-8.「肘」を含むⅠの表現例（1）（Ⅰ.1Ⅱ.0例 計1例）:「(注: 僕は) 窓枠に両肘をつき、〜」(『向』p.430)→"我两肘支在窗台上，〜"(《向》p.317)。

日本語はすべて動作主を主語にもってきている表現であるが、対応する中国

語の事物中心表現は"双肩""在脑际""额头上""两肘"を主語や場所語化する表現となっている。"我两肘"はすでに見た"我两手""我双手"などと同様に提題化したものとして同じグループにくくれるもののように思える。

Ⅱ．事物中心表現（日）→動作主中心表現（中）(7)について。

「唇」(2)「右手」(2) 以外は「姿」「口」「のど」各1例である。「唇」を含むⅡの表現例 (2)：「S君のお母さんの唇が、すっと横に結ばれるのがわかった。」(『向』p.151) → "S君的妈妈紧紧的抿着嘴唇，～"(《向》p.109)、「やがて皺の寄った唇が、ゆっくりとひらき～」(『向』p.353) → "终于，他开启了干燥的嘴唇～"(《向》p.262)。Ⅰとは逆に日本語は肉体部分の「唇」が主語となり、対応する中国語表現は動作主中心表現となっているが、日本語はやはり翻訳調の日本語で、unmarked な表現ではないであろう。作家の新奇さを求める気持ちがこうした表現を生む理由であるように思われる。

「右手」を含むⅡの表現例 (2)：「不意に、その右手が持ち上がり、壁のほうへと伸びる。」(『向』p.252) → "突然，他举起右手，伸向了墙壁。"(《向》p.186)、「ミチオの右手が泰造の目の前に差し出される。」(『向』p.416) → "道夫把右手伸到了泰造的眼前。"(《向》p.304)。「唇」と同様の例である。

「姿」「口」「のど」を含むⅡの表現例（各1例)：「（～と、）窓際にミカの姿があった。」(『向』p.171) → "在窗边看到了美香的身影。"(《向》p.123)、「口が勝手にそう呟いていた。」(『向』p.273) → "我无意识地自语道。"(《向》p.200)、「(注：お爺さんは）ぜいぜいと咽喉が鳴っている。」(『向』p.148) → "老爷爷～，呼哧哧地喘着粗气。"(《向》pp.107-108)。(中国語は「ぜいぜいと（のどを鳴らして）息をしている」という意味の意訳されたものであるが、事物中心表現（日）→動作主中心表現（中）であることに変わりはないので、Ⅱに含めた。）「姿」は肉体部分というより肉体全体であるが、、対応する中国語は"看到"を使用しており、次のような表現例(肉体部分ではないが)と同様な例(事物中心表現(日)→動作主中心表現（中))として括れるものであろう。「今朝、S君が見つかった。」(『向』p.267) → "今天早上我们发现了S君的尸体。"(《向》p.196)。

3.3 村上春樹（2004）『ノルウェイの森』（上）（下）（=『ノル』（上）（下））
→林少华译（2009）《挪威的森林》（=《挪》）の場合

『ノル』（上）（下））→《挪》では身体部分を含む表現についてⅠ.動作主中心表現（日）→事物中心表現（中）が10例、Ⅱ.事物中心表現（日）→動作主中心表現（中）は0例であった。身体部分別頻度数ランキングは

1.体（3例）2.手（2例）3.肩（1例）3.耳（1例）3.目（1例）3.顔（1例）3.肩肘（1例）

であった。

1.「体」を含むⅠの表現例（3）:「(彼女はしばらく黙っていたが)やがて突然<u>体を震わせて</u>泣きはじめた。」(ノル』(上)p.232）→ "（<u>她沉默了半天,</u>）突然<u>身体颤抖起来了</u>,～)"（《挪》p.148）、「(～,)彼女は<u>体を震わせて</u>ため息をついた。」(ノル』(下)p.288）→ "～,<u>她身子一颤</u>,叹了口气。"（《挪》p.373)、「レイコさんは～,<u>体を何度か小さく震わせていた。</u>」(ノル』(下)p.290）→ "（玲子～,）<u>身子轻微地抖动了几下。</u>"（《挪》p.374)。いずれも「体を震わせる」という動作中心表現（日）を"身体""身子"が"颤抖""颤""抖动"（中）するという事物中心表現（中）にしている。

2.「手」を含むⅠの表現例（2）:「(僕は～)<u>両手で顔を覆い</u>,～」(ノル』(上)p.8）→ "～,<u>双手捂脸</u>,～"（《挪》p.3）、「彼女は<u>両手を僕の肩にあてて</u>～」(ノル』(上)p.16）→ "<u>她双手搭在我肩上</u>,～"（《挪》p.9)。3.2で考察した"(我)两肘"やその前に見た"(我)两手""(我)双手"と同様に提題化した同じグループのものとして括れるものである。

3.「肩」「耳」「目」「顔」「肩肘」を含むⅠの表現例（各1）:「緑はほんの少しだけぴくっと<u>肩を動かしたけれど</u>,～」(ノル』(上)p.163）→ "<u>绿子只是肩头稍微抖动了一下</u>,～"（《挪》p.104）、「(注:ウサギは)～、<u>耳をぴくぴく震わせていた。</u>」(ノル』(上)p.276）→ "～,<u>两耳一斗一斗地直动。</u>"（《挪》p.176)、「「一緒に死んでくれるの？」と緑は<u>眼をかがやかせていった。</u>」(ノル』(上)p.155）→ ""和我一块儿死？"<u>绿子眼睛一亮。</u>"（《挪》p.98)、「緑は<u>顔を輝かせて</u>、

第 7 章　動作主中心表現と事物中心表現―身体部分を含む表現について―　145

指をパチンと鳴らせた。」(ノル』(下) p.157) → "<u>绿子满面生辉</u>，打个响指问："(《挪》p.290)、「緑はカウンターに片肘をついて、僕の顔を見つめた。」(ノル』(下) p.49) → "<u>绿子一直胳膊挂在台面上</u>，看着我的脸说："(《挪》p.220)。

　以上は、身体部分を含む表現におけるⅠ動作主中心表現(日)→事物中心表現(中)の例であるが、Ⅱ事物中心表現(日)→動作主中心表現(中)の例は身体部分を含む表現という制限を設けなくても以下のような例しかなかった。(正確には動作の受け手中心表現(中)である。)「僕の二十回目の誕生日の三日あとに<u>直子から僕あての小包みが送られてきた</u>。」(ノル』(下) p.178) → "过罢二十岁生日的第四天，<u>接到直子寄来的邮包</u>，～"(《挪》p.304)。

3.4　田村裕(2007)『ホームレス中学生』(=『ホ』)→吴季花译(2009) 《无家可归的中学生》(=《无家》)の場合

　『ホ』→《无家》では身体部分についてⅠ.動作主中心表現(日)→事物中心表現(中)が5例、Ⅱ.事物中心表現(日)→動作主中心表現(中)が0例であった。身体部分別頻度数ランキングは

------

1. 顔(面)(2例) 2. 眉間(1例) 3. 口(1例) 4. 膝(1例)

であった。

　1.「顔」を含むⅠの表現例(2)：「(注：私は)そのとき<u>二人がどんな顔をしていたか</u>全く覚えていない。」(『ホ』p.8) → "我已经完全记不得当时<u>他们两人脸上流露出什么样的表情</u>，～"(《无家》p.5)、「～、高校のときに引きこもっていた<u>川島が勇気を振り絞って顔面を硬直させ</u>ながらも、(この日に初めてネタを下ろしてくれたこと、～)」(『ホ』p.181) → "在高中时代总是一个人躲起来的<u>川岛鼓足勇气，尽管脸部表情都僵硬了</u>，～"(《无家》p.192)。"脸上"と場所語化したり"脸部表情"と主語化した例である。

　2.「眉間」を含むⅠの表現例(1)：「おじいちゃんは少し<u>眉間にしわを寄せ</u>ながら、～」(『ホ』p.51) → "<u>伯父双眉微微蹙起</u>，～"(《无家》p.51)。既述の"两手""双手""两肘"と同じグループの、提題化されたものの例である。

2.「口」を含むⅠの表現例（1）：「おばちゃんは口が物凄く臭かったので、〜」（『ホ』p.14）→ "那位阿姨的口气非常臭，〜"（《无家》p.14）。『ホ』→《无家》の例がⅠについて5例と他に作品と比べて極端に少ないのは直訳（日→中）を多用していることによるものと考えられる。

Ⅱ．事物中心表現（日）→動作主中心表現（中）には身体部分を含む表現という制限をはずせば、次のようなものがあった。「お兄ちゃんとお姉ちゃんは行動を共にすることが決まり、〜」（『ホ』p.9）→ "哥哥姐姐决定要一起行动，〜"（《无家》p.6）

3.5　3のまとめ

以上のことをまとめると以下の表にようになる。

順位	身体部分	『悪意』→《悪意》	『向』→《向》	『ノル森』→《挪威》	『ホ』→《无家》	合計
1	手（指、掌）	4 (4,0)	8 (6,2)	2 (2,0)	0	14
2	顔	6 (6,0)	3 (3,0)	1 (1,0)	2 (2,0)	12
3	唇（口）	1 (1,0)	唇6 (4,2) 口2 (1,1)	0	1 (1,0)	10
3	目／眼	5 (4,1)	4 (4,0)	1 (1,0)	0	10
5	体／身体	0	6 (6,0)	3 (3,0)	0	9
6	肩	1 (1,0)	1 (1,0)	1 (1,0)	0	3
6	眉（毛、間）	0	各1 2 (2,0)	0	眉間1 (1,0)	3
6	膝	1 (1,0)	0	1 (1,0)	1 (1,0)	3
9	肘	0	1 (1,0)	1 (1,0)	0	2
9	足	0	2 (2,0)	0	0	2
9	のど（仏）	0	2 (1,1)	0	0	2
9	姿	0	2 (1,1)	0	0	2
13	頬	1 (0,1)	0	0	0	1
13	頭	0	1 (1,0)	0	0	1
13	（左）脇腹	1 (0,1)	0	0	0	1
13	額	0	1 (1,0)	0	0	1
合計		20 (17,3)	41 (34,7)	10 (10,0)	5 (5,0)	76 (66,10)

（　　）内の数字は（Ⅰの数, Ⅱの数）の内訳

『悪意』→《恶意》では「顔」を含む表現がⅠ．動作主中心表現（日）→事物中心表現（中）としてもっとも多く、6例ある。Ⅱ．事物中心表現（日）→動作主中心表現（中）は全体では3例である。日中語間の名詞のランキングの有無がⅠやⅡという現象を生んでいると考えられる。今後はより詳しくその現象の生じる意味的な理由、条件を考察、研究していく必要がある。

『向』→《向》についてはⅠ、Ⅱ合計41例と今回、調べた4作品ではもっとも多い用例数である。その理由としては『向』の身体部分を含む表現自体が他の3作品より多いこと、Ⅰ、Ⅱを多用し、動作主中心表現（日）をそのまま動作主中心表現（中）にし、事物中心表現（日）をそのまま事物中心表現（中）にするという直訳（日→中）が他の3作品より非常に少ないことなどが考えられるが、実際に調べてみないと確かなことは言えない。身体部分を含む表現のうち、直訳（日→中）になる場合とⅠ、Ⅱになる場合（大きくは転換（日→中）に含まれる）については次の4で少し言及したいと思う。

『ホ』→《无家》のⅠ、Ⅱが少ないのは直訳（日→中）の多用によると考えられるが、このことについても4で少し言及したい。

4　その他

表現には身体部分を含む表現と身体部分を含まない表現があり、前者より後者の方がずっと多いのは当然のことである。身体部分を含む表現のうちには、直訳（日→中）されるもの、意訳（日→中）されるものと本章で扱った（転換（日→中）のうちの）Ⅰ．動作主中心表現（日）→事物中心表現（中）、Ⅱ．事物中心表現（日）→動作主中心表現（中）などがある。身体部分を含む表現を扱ったのはⅠ、Ⅱが顕著に現れるからである。

以下、身体部分を含む表現のうち①直訳（日→中）②意訳（日→中）③その他④Ⅰ、Ⅱの比率について『悪意』→《恶意》、『ホ』→《无家》の2作品について考察し（前者は一般的で、後者は直訳（日→中）多様という特徴があるので選択した）、おおよその比率について把握してみたいと思う。（『向』→《向》は特殊的であり、『ノル森』→《挪威》は『悪意』→《恶意》で代替できるような一般性があるので選択しなかった。）

『悪意』→《恶意》の身体部分を含む表現の比率について。①直訳（日→中）は85例（85/161=52.8%）②意訳（日→中）は51例であった。また③その他として不訳（訳出されない）4例、非使役（日）→使役（中）1例、誤訳2例、計7例が存在した。④Ⅰ、Ⅱは18例である。①直訳（日→中）の例：「日高は口をつぐんだ。」（『悪意』p.19）→"日高赶紧闭上了嘴。"（《恶意》p.12）。②意訳（日→中）の例：「藤尾があの女に目をつけてたのは知ってましたけどね。」（『悪意』p.298）→"我只知道藤尾一直在注意那个女生。"（《恶意》p.218）。③その他の不訳、誤訳は省略して非使役（日）→使役（中）の例を挙げる。「その時に私は背中がぞくりとしましたよ。」（『悪意』p.334）→"〜，让我的背脊一阵发凉。"（《恶意》p.247）。①〜③を合計すると、143例、④Ⅰ、Ⅱは18例で①〜④の合計は161例であるから、④の全体に占める率は18/161=11.2%である。

『ホ』→《无家》の身体部分を含む表現の比率について：①直訳（日→中）は82例（82/103=79.6%）②意訳（日→中）は13例、③その他として不訳1例、受身（日）→非受身（中）、受身（日）→使役（中）が各1例、合計全体で3例が存在した。④Ⅰ、Ⅱは5例である。①直訳（日→中）の例：「(父は)家の中では無口で、口を開けば怒っていた。」（『ホ』p.76）→"他平时在家中沉默寡言，一开口就是骂人。"（《无家》p.78）。②意訳（日→中）の例：「お父さんはそれを告げると足早にどこかへ去っていってしまったので、〜」（『ホ』p.7）→"爸爸只对我们这样说完之后,就三步并作两步不知道上哪儿去了,〜"（《无家》p.4）。③その他の不訳は省略して受身（日）→非受身（中）と受身（日）→使役（中）の例を以下に挙げる。「〜、家に帰ってお兄ちゃんに頭を下げられた。」（『ホ』p.118）→"〜,哥哥很认真地低头拜托我。"（《无家》p.120）、「〜動き回った後の育ち盛りの僕のお腹は満たされなかった。」（『ホ』pp.142-143）→"〜,却依旧没有办法让正值发育旺盛期的我在剧烈运动后填饱肚子。"（《无家》p.147）。

①〜③を合計すると98例、④Ⅰ、Ⅱは5例で①〜④の合計は103例であるから④の全体に占める率は5/103=4.9%である。3.5 3のまとめで述べた『ホ』→《无家》の直訳（日→中）の多用が④Ⅰ、Ⅱの少なさの理由であることは立証されたと考えられる。『ホ』が自らの「ホームレス中学生」としての体験を

一人称形式で述べた作品であることが『悪意』などの小説とは異なり、独白的、直接的表現が多く、それが直訳（日→中）の多用につながったと考えられる。

表現には身体部分を含む表現と身体部分を含まない表現があるが、前者は表現を具体的なものとし、小説などでは臨場感を盛り上げる作用がある。中国語の小説では身体部分を提題化するⅠが定型化、固定化したのではないかと現在までの考察を通じて考える次第である。

5　結語

以上、動作主中心表現と事物中心表現─身体部分を含む表現について─と題して、考察を行ってきた。大きくは転換（日→中）に含まれるものを扱った。4　その他　で述べたように、身体部分を含む表現の中で90%以上は直訳（日→中）や意訳（日→中）によって表現されるのであるから、Ⅰ.動作主中心表現（日）→事物中心表現（中）、Ⅱ.事物中心表現（日）→動作主中心表現（中）は主要なものではなく、少数の部類の、転換（日→中）に含まれる表現である。受身文にたとえて言えば、「自己称揚の受身文」のような少数の部類のものである。しかし、日本語表現が一般的に「なる」表現が多く、中国語表現が「する」表現が多いと考えられ、「なる」表現（日）→「する」表現（中）が一般的と考えられている中で、身体部分を含む表現についてはⅠ.動作主中心表現（日）→事物中心表現（中）がⅡ.事物中心表現（日）→動作主中心表現（中）より圧倒的に多い（今回調べた結果では、全体76例中、67例がⅠ（88.2%）、9例がⅡ（11.8%）であった。）と言えることがわかった。主要なものとそうでないもの（副次的なもの、少数のもの、例外的なもの等）を考える際の一つの類型例研究としての意義を本研究が持っていることを最後に付言しておきたい。

［付記］本章は日中対照言語学会第35回大会（2016年度冬季大会）(2016年12月25日（日）於大阪）で発表した内容に基づいて作成したものであることを付言しておく。

〔注〕
(1) 藤田昌志（2007）pp.97-98
(2) 藤田昌志（2007）pp.97-98
(3) 藤田昌志（2007）pp.97-99
(4) 奥田（1997）p.81
(5) 奥田（1997）pp.93-94
(6) 奥田（1997）p.89
(7) 文学表現は普通の日本語（会話）表現から見たら marked　なものであることもある。文学表現は日本語（会話）表現を忌避することがある。
(8) 張麟声（2001）p.123　角田太作（2009）pp.41-65

〔引用文献・参考文献〕
藤田昌志（2007）『日中対照表現論－付：中国語を母語とする日本語学習者の誤用について－』白帝社
奥田寛（1997）『中国人の非言語コミュニケーション』東方書店
張麟声（2001）『日本語教育のための誤用分析－中国語話者の母語干渉20例－』スリーエーネットワーク
角田太作（2009）『世界の言語と日本語　改訂版　言語類型論から見た日本語』（第4章　シルバースティンの名詞句階層）くろしお出版

【用例採取書目】
東野圭吾（2001）『悪意』講談社　講談社文庫
娄美莲译（2001）《悪意》南海出版公司
道尾秀介（平成21）『向日葵の咲かない夏』（＝『向』）新潮社
王彤彤译（2009）《向日葵不开的夏天》（＝《向》）新星出版社
村上春樹（2004）『ノルウェイの森』（上）（下）（＝『ノル』（上）（下））講談社　講談社文庫
林少华译（2009）《挪威的森林》（＝《挪》）上海译文出版社
田村裕（2007）『ホームレス中学生』（＝『ホ』）株式会社　ワニブックス
吴季花译（2009）《无家可归的中学生》（＝《无家》）　上海译文出版社

初出一覧

「日本語表現と中国語表現の相違―誤用例分析・日中対照表現との関連で―」
　　　　　　三重大学国際交流センター紀要第 11 号 2016 年 3 月　pp.33-44
「「ている」(日) と中国語表現―日本語との対照から見た考察―」
　　　　　　三重大学国際交流センター紀要第 10 号 2015 年 3 月　pp.19-34
「受身表現について―日本語との対照から見た考察―」
　　　　　　三重大学国際交流センター紀要第 11 号 2016 年 3 月　pp.19-32
「とりたて詞と中国語表現」
　　　　　日中対照言語学会編『日本語と中国語のモダリティ』共著
　　　　　　　　　　　　　　白帝社　2015 年 10 月　pp.69-78
「村上春樹『ノルウェイの森』と林少华译《挪威的森林》」
　　　　　　三重大学国際交流センター紀要第 12 号 2017 年 3 月　pp.47-62
「加訳 (日→中) 再論―接続詞 (中)・副詞 (中) の加訳 (日→中) について―」
　　　　　　三重大学国際交流センター紀要第 12 号 2017 年 3 月　pp.17-32
「動作主中心表現と事物中心表現―身体部分を含む表現について―」
　　　　　　三重大学国際交流センター紀要第 12 号 2017 年 3 月　pp.33-46

あとがき

　日中対照表現論に興味を持ったのは、許地山(落花生)の作品の日本語訳が日本語として意味が通らないが、原文と対照してみると、意味が理解できたことがきっかけだった。このことは拙著(2007)『日中対照表現論』の「まえがき」で簡単に述べた。もともと中文日訳には興味があった。魯迅ではないが、翻訳家になりたいと思ったこともあった。拙著(2007)では、日本語から中国語への方向で、日本文学の中国語訳を資料として、加訳(日→中)、減訳(日→中)、転換(日→中)、意訳(日→中)などの概念を援用して、日本語がどのように中国語と対応するか、対応しないか等について分析し、その中から出てきた問題について考察して、類型化した。本『日中対照表現論Ⅱ―事例研究を中心として―』(以下、『日中対照表現論Ⅱ』と略す。)にもその姿勢は貫かれているが、拙著(2007)が類型を明らかにするのが中心であったのに対して、『日中対照表現論Ⅱ』は具体的「事実」の究明という事例研究が中心となっている。読者の方々にも実際に日本語と中国語の関係の事例研究を行っていただきたいというのが筆者の切なる願いである。

　他の拙著で何度か言及したが、40年以上前に伊地智善継先生から初めて中国語を教わったことには今も感謝している。また、相浦杲(たかし)先生の『人民文学』の日本語訳には、そのあまりにも的確な日本語訳に感嘆したことを今も鮮明に覚えている。伊地智先生が中国語教育の天才なら、相浦杲先生は『人民文学』の中文日訳の天才である。中国語教育はいまだに学習者の母語との関係を明晰に意識する中で行われているとは言い難いし、日本語教育もいまだに学習者の母語との関係を明晰に意識する中で行われているとは言い難い。日本はこの70年間、アメリカを一番として仰ぎ、その次の位置を占めることで生きてきた。東アジアを軽んじる人々には、欧米、就中(なかんずく)、アメリカ至上主義の人が多かったのは事実である。(今は、建前としてはそうしたことは言わないが。)感情的な東アジア嫌悪、侮蔑についてはどうであろうか。少なくとも、その国の言葉を勉強したり、母語との対照研究をしていれば、そうしたことには与(くみ)しないであろう。言語の対照研究、対照表現論の存在価値はそうしたところにもある。

もっと自由に、自らの素朴な疑問を解くために言語の対照研究を行ってはどうだろうか。筆者は自らの素朴な疑問を解くために拙著(2007)、同(2013)を上梓した。そして、今、日中対照表現論三部作の掉尾を飾る『日中対照表現論Ⅱ』を上梓する。大方のご理解を得られるなら、幸いです。

　2017年10月6日

藤　田　昌　志

著者紹介

藤 田 昌 志
（ふじた　まさし）

現職：三重大学地域人材教育開発機構准教授。
専門：日中対照表現論　(日中)比較文化学　日本論　中国論　日本語教育

　1978年大阪外国語大学(現大阪大学)外国語学部中国語専攻卒業。1981年国立国語研究所日本語教育センター日本語教育長期専門研修生修了。1993年大阪市立大学大学院後期博士課程中国文学専攻単位取得満期退学。

主要著書：『「独白文」15トピック(初級から中級へ)』(2002　にほんごの凡人社)。『初級バリエーション―会話編　聴解・発話編―(「独白文」の視点)』(2003　にほんごの凡人社)。『語彙　表現（中級レベル☆エッセンスⅠ）』(2004　にほんごの凡人社)。『語彙　表現(中級レベル☆エッセンスⅡ)』(2005　にほんごの凡人社)。『日中対照表現論―付：中国語を母語とする日本語学習者の誤用について―』(2007　白帝社)。『日本語　語彙　表現（上級レベル☆エッセンスⅠ）』(2009　三重大学出版会)。『日本語　語彙　表現（上級レベル☆エッセンスⅡ)』(2009　三重大学出版会)。『日本の中国観―最近在日本出版中国関連書籍報告―(04.9-09.8)』(2010　朋友書店)。『明治・大正の日中文化論』(2011　三重大学出版会)。『日本の東アジア観』(2011　朋友書店)。『日本語と中国語の誤用例研究』(2013　朋友書店)。『日本の中国観Ⅱ―比較文化学的考察―』(2015　晃洋書房)。『明治・大正の日本論・中国論―比較文化学的研究―』(2016　勉誠出版)等。

日中対照表現論 Ⅱ ―事例研究を中心として―

2017年10月6日　第1刷発行　　　　　定価 3,000円（税別）

著　者　藤　田　昌　志

発行者　土　江　洋　宇

発行所　朋　友　書　店
〒606-8311　京都市左京区吉田神楽岡町8
電　話（075）761-1285
FAX（075）761-8150
E-mail　hoyu@hoyubook.co.jp

印刷所　株式会社 図書印刷 同朋舎

ISBN 978-4-89281-164-7 C3087 ¥3000E